明
室
Lucida

照亮阅读的人

LES JEUX ET LES HOMMES

LE MASQUE ET LE VERTIGE

游戏与人

ROGER CAILLOIS

［法］罗歇·凯卢瓦 著

余轶 译

北京联合出版公司
Beijing United Publishing Co.,Ltd.

图书在版编目（CIP）数据

游戏与人 /（法）罗歇·凯卢瓦著；余轶译. -- 北京：北京联合出版公司, 2023.12（2025.5 重印）
ISBN 978-7-5596-7150-9

Ⅰ.①游… Ⅱ.①罗… ②余… Ⅲ.①游戏—社会学—研究 Ⅳ.① G898

中国国家版本馆 CIP 数据核字 (2023) 第 220781 号

Les jeux et les hommes: Le masque et le vertige by Roger Caillois
Copyright © Éditions Gallimard, Paris, 1967
Simplified Chinese edition copyright
© 2023 Shanghai Lucidabooks Co., Ltd.
Sale is forbidden outside of the People's Republic of China
All rights reserved.

北京市版权局著作权合同登记号 图字：01-2023-5897 号

游戏与人

作　　者：[法] 罗歇·凯卢瓦
译　　者：余　轶
出 品 人：赵红仕
策划机构：明　室
策划编辑：陈希颖　赵　磊
特约编辑：李洛宁
责任编辑：孙志文
装帧设计：曾艺豪 @ 大撒步

北京联合出版公司出版
（北京市西城区德外大街 83 号楼 9 层　100088）
北京联合天畅文化传播公司发行
北京市十月印刷有限公司印刷　新华书店经销
字数 155 千字　880 毫米 ×1230 毫米　1/32　7.75 印张
2023 年 12 月第 1 版　2025 年 5 月第 3 次印刷
ISBN 978-7-5596-7150-9
定价：56.00 元

版权所有，侵权必究
未经书面许可，不得以任何方式转载、复制、翻印本书部分或全部内容。
本书若有质量问题，请与本公司图书销售中心联系调换。
电话：(010) 64258472-800

致敬孟德斯鸠

目 录

引 言   i

第一部分

第一章　游戏的定义　　003
第二章　游戏的分类　　013
第三章　游戏的社会功能　　044
第四章　游戏的变质　　050
第五章　从游戏到社会学　　064

第二部分

第六章　广义游戏论　　079
第七章　模仿与眩晕　　088
第八章　竞争与机运　　110
第九章　重现于现代世界　　145

补 编

第一章 机运类游戏的重要性　　163
第二章 从教育学到数学　　182

文　献　　199

引 言

　　游戏数量庞大，种类繁多：棋盘游戏、技巧游戏、机运游戏、户外游戏、拼接游戏、建构游戏等，不一而足。尽管繁杂多变，"游戏"一词却总意味着轻松、冒险或技艺。最重要的是，游戏总是带来一种休闲娱乐的氛围。人们通过游戏放松取乐。游戏是一种非强制性活动，对现实生活不产生实质影响。它是严肃生活的对立面，因此也被视为是肤浅无意义的。游戏之于工作，正如"虚度光阴"之于"惜时如金"。实际上，游戏本身没有任何产出：它既不创造财富，也不产生作品。就其本质而言，游戏无效能，就算玩上一辈子，游戏每次重新开局时，游戏者也都会回到与首次开局时相同的境地，必须从头来过。金钱游戏、赌博游戏或彩票游戏也不例外：它们并不创造财富，仅仅使财富发生转移。

　　无产性是游戏的根本特性，也是游戏备受非议的主要原因。这一特性使人们得以无忧无虑地投身游戏之中，也将游戏与其他有产活动区别开来。每个人在开始游戏时就已经默认：不管投入多少心血、动用多少才能，游戏都只是一时兴起、寻求欢愉的无谓消遣。夏多布里昂[1]因此说："如同其他学科一样，思辨几何学也有其游戏和无用的一面。"

在这种情况下，我们更应该思考为什么诸多学识渊博的历史学家、细致严谨的心理学家，经过深入调查、反复观察和系统研究，最后将游戏精神视为推动社会文化最高表现形式的发展、提升个人道德教育及智力水平的主要动力之一。一方面将游戏视为无足轻重的把戏，另一方面又对游戏的功劳大书特书，这种令人咋舌的反差使人不禁怀疑这并非偶然，而是有其深层原因。

在研究那些对游戏歌功颂德的论断之前，有必要首先分析一下"游戏"一词的多重含义。除其本义外，人们还在其他语境下使用"游戏"一词的引申义。如果游戏真是文明发展的重要推力，那一定是因为它具备其他富有教益的内涵。

首先，"游戏"一词的惯常用法（也是最贴近其本义的用法）是：它不仅指某一项特定的活动，还指开展这项活动（或运行整套游戏机制）所需的全部元素、标识或工具[2]。例如，"un jeu de cartes"（一副纸牌）是指玩纸牌游戏时所用到的

---

[1] François-René de Chateaubriand，法国浪漫主义代表作家，著有《墓畔回忆录》等。——译者注
[2] 在法语中，表示"游戏"的词语"jeu"也指代在游戏中使用的全套工具，这一点与中文有所不同。——译者注

全副纸牌；"un jeu d'échecs"（一套象棋[1]）是指下象棋时所必备的全套棋子。这套工具数目固定、缺一不可，否则游戏将无法进行，至少无法正常进行。除非是出于特定目的，提前宣布在游戏中减少或增加一个或多个游戏用具——例如，由于游戏双方力量悬殊，为公平起见，抽走某一方纸牌中的王牌，或是在下象棋时让某一方先走子。同样，"un jeu d'orgue"（一套管风琴）是指管风琴的全套音管和键盘，"un jeu de voiles"（一套船帆）是指帆船的全套风帆。这个完整而固定的"全套"自成一体，除借助动力使其运行，无须再倚赖外部干预。在信息冗繁、变化无常、纷繁复杂的世界里，这无疑是一项难能可贵的革新。

其次，"游戏"一词还指乐手或演员的演绎手法与风格，亦即演奏乐器或扮演角色时的独到之处。虽然受乐谱或台词约束，表演者仍有一定的自由发挥空间，可以通过他人无法模仿的变奏或细微处理，达到彰显个性的目的。

可见，"游戏"一词包含了限制、自由与创造等多重含义。在另一种类似的用法中，"游戏"一词还代表一种非凡的组合。它将一些互补的概念联结在一起，如机运（指偶然或命定的资源）与能力（把资源巧妙组合、谋求利益最大化的才干）。"avoir beau jeu"（有一手好牌、占优势）属于前者，"jouer serré"（谨慎行事）、"jouer au plus fin"（斗智斗勇）[2]属于后

---

[1] 若无特殊说明，书中象棋、跳棋均指国际象棋、国际跳棋。——译者注
[2] "avoir beau jeu""jouer serré""jouer au plus fin"，以及后文中出现的"montrer son jeu""dissimuler son jeu"等都是法语中的固定搭配，都用到了（转下页）

者。此外,"montrer son jeu"(摊牌,表明意图),或与之相反,"dissimuler son jeu"(掩牌,不暴露意图),则是两者皆有:既占据了开局优势,又采取了明智手段。

"冒险"也是"游戏"的多重语义之一:通过评估可用资源、测算各种可能性,开展赌博或投机行为。它建立在对"可接受的风险"与"可预期的结果"的权衡之上。此类含有"游戏"一词的短语如:"mettre en jeu"(拿……做赌)、"jouer gros jeu"(冒大风险)、"jouer son reste"(赌上全部身家)、"jouer sa carrière"(拿事业开玩笑)、"jouer sa vie"(拿性命开玩笑),以及俗语"le jeu ne vaut pas la chandelle"(不值蜡烛钱的游戏,意为"得不偿失")——从一局游戏中获得的最大收益,还抵不上玩游戏时所耗费的照明成本。

由此可见,"游戏"是一个极其复杂的概念,包含多重因素:事实现状;局势(有利或不利的分牌,机运在这个过程中发挥主导作用,游戏者只能幸运或不幸地被动接受);才干(面对或好或坏的资源,精于计算者从中取利,草率大意者错失机缘);抉择(它是游走于"谨慎"与"大胆"之间的坐标,划定了游戏者在多大程度上愿意为不可控因素下注)。

游戏无一例外,都是规则的组合。规则决定了游戏的"是"与"非"、"行"与"止"。游戏规则具有专断性、强制性、终决性,不能以任何理由拒不执行。游戏终止,游戏规则也即

(接上页)"jeu"(游戏)一词或其动词形式"jouer"(玩)。——译者注

刻失效。游戏规则的维系全在于游戏者参与游戏的意愿，亦即遵守游戏规则的意愿。游戏者可以不参与游戏，一旦参与就得按规则来。然而，"jouer le jeu"（参与游戏）还有超出游戏范畴的更深含义，甚至主要在游戏范畴以外使用。人们试图推而广之，在众多行为与交流中设定类似于游戏规则的默认协约。遵守游戏规则的必要性尤为突显，因为不忠诚的玩家不会受到任何法律制裁，只要停止游戏即可恢复常态，可在下一轮游戏中再次违规，做出人们本想通过共同协约在游戏中加以规避的举动。在这种情况下，"游戏"所指的是一套人们自发形成、自愿接受的约束机制，以期在法所不立的范畴内建立稳定秩序或默认准则。

最后，"游戏"一词还意味着活动空间、灵活行动，以及适度自由。当我们说"jeu d'un engrenage"（齿轮传动系统），或是"un navire joue sur son ancre"（一艘定锚的轮船在晃荡）时，使用的就是这层含义。活动空间使得必要的机动性成为可能。系统各个组成部分之间留有"jeu"（余地），整套机制才能运行。这个余地不能过宽，否则将致使"机器发疯"。精心设定合理的活动空间，机器才不至于停滞或失控。"游戏"由此也意味着规则之下的自由。只有包含自由度的规则，才能发挥并维持效用。一套运行机制可以被视为另一种意义上的"游戏"，字典对此具体定义如下："由机器不同部分协同参与的规则运动。"实际上，所谓机器，就是各种零部件的组合，不同零部件之间必须彼此契合，协同运转。而在这个精准的"jeu"（系统）内部，赋予系统生机的，其实是另一种"jeu"

(余地)。前者指缜密的构造、精确的校准,后者则意味着灵活性与机动空间。

这些丰富的引申义,使得并非"游戏"本身,而是游戏所演绎的心理状态,成为人类文明的关键要素。"游戏"的不同词义,囊括了整体、规则及自由的概念。首先,它将"限制"与限制之下的"创造力"相结合。其次,它将"命定资源"与"制胜之术"相区别——唯有凭借热忱与韧劲,对游戏内设的不可消除的资源加以运用,才有制胜可能。再者,它在"谋划"与"冒险"间做出区分。最后,它生成了一套有强制性但无惩罚性的规则(唯一惩罚就是游戏结束,规则崩塌),并提示:在合理情况下,有必要采取最便捷的手段,增加或减少条件项。

有时,界限会变得模糊,规则被废除;或是恰恰相反,自由与创造近乎消失。不过,游戏意味着这两个极点并立存在,彼此关联。游戏创设并推广了一些抽象架构,在特设的独立环境中开展理想竞争。这种抽象架构及竞争模式可成为各种机制及行为的模型。当然,这些模型并不能生搬硬套到现实之中,因为现实世界总是矛盾丛生、错综复杂,兴趣与热情并不占主导地位,暴力与背叛却是屡见不鲜。游戏所提供的模型,是对规则世界的预设,用以取代原始的混乱状态。

赫伊津哈[1]的核心论点即在于此。他认为,大部分维系社

---

[1] Johan Huizinga,荷兰历史学家,现代文化史的奠基者之一,著有《中世纪的秋天》《游戏的人》等。——译者注

会秩序的机制、创造社会荣光的领域,都是游戏精神作用的结果。法律当之无愧是其中一种:法典宣布了社会体系的规则,判例将规则推广到有争议的案例中,司法程序界定了执法流程与规范,相应措施确保法律实施如同游戏进程般清晰、精准、纯粹、公允。法律辩论和判决在特定的司法场所,遵循固定的程序,在既定的时限内进行,与其他社会存在完全隔离开来。这些都与游戏特征相吻合:特定空间(角斗场、跑道、竞技场、象棋盘、跳棋盘),强制性,程序规则。

在政治领域,非战争时期(在战争时期,人们不再服从原有规则)存在一种轮换机制,使对立政党在同等条件下获得轮流执政的可能。执政一方必须遵守游戏规则,按章行事,不滥用职权,不利用权位之便铲除对手,不剥夺对手通过合法途径登台执政的权利。否则,定将引起谋反或暴乱,打破脆弱的协约,进入暴力对决。而协约的本意,是要在政治斗争中引入明晰、独立、无争的规范,以期控制竞争态势。

美学领域也不例外。绘画所使用的透视法,在很大程度上就是一套协约。这套协约催生了一些惯常做法,进一步强化了协约的合理性。在音乐领域,发挥作用的是和谐法则;在诗词领域,则是格律与韵律法则。在雕塑、编舞和戏剧领域,也有各类清晰细化的限定、制式和标准,它们构成了不同法则,引导并约束着创作者。如果将创作者的创作行为比作一场游戏,那么这些法则就是游戏规则。它们催生了既有共性又有个性的创作风格,使不同的品味爱好、技艺难度、性情禀赋交织融合。规则是无缘由的,任何认为规则荒谬无理、碍手碍脚的人，完全可以拒不遵守。他可以作画不讲究透视，作诗不讲究韵律，作曲不讲究和谐。这样一来，他不是在参与游戏，而是在推翻游戏。因为，就游戏而言，规则的维系完全倚赖于参与者遵守规则的意愿。但是，否认一种游戏规则，实际上就是在创造有可能带来别样精彩的另一种游戏规则，虽然尚不明确，但也将成为一套独断的法典，重新禁邪制放。所有冲破禁令的决裂行为，都为自身划定了另一套规则体系，与先前的一样无据、严苛。

战争同样受到规则约束，并非纯暴力范畴。协约将敌对状态限制在一定时间与空间范围内。敌对状态始于一个郑重宣言，精准宣布何日、何时进入新时局。之后，又以一纸停战协议或投降书，明确宣布这种状态结束。另一些战争规则将平民和不设防的城市屏蔽于战火之外，最大限度禁用某些武器，确保伤员和战俘得到妥善处置。在所谓的依礼战争[1]时期，就连战略都是以协约达成。对方进军或撤军都可以通过推断得出，如同棋局中的组合。以至于有理论家断言，无须作战也可分晓战事胜败。这样一来，此类战争完全像一场游戏，一场具有杀伤力、破坏性，但仍然受规则约束的游戏。

以上事例显示了游戏原则的作用与影响，至少是其用意旨向。我们甚至可以从中寻觅文明发展的轨迹，因为文明本身就是从野蛮状态向有治状态的过渡。后者建立在一套协同

---

[1] guerre courtoise，例如我国春秋时期讲究交战礼仪和规则的战争。——译者注

均衡的体系之上，作用于权利与义务、特权与责任之间。游戏促发并强化了这一均衡，持续创设了一个纯粹的独立空间。在这里，规则不偏袒、不为难任何人，因此得到所有人的自愿遵守。它构建了一方光明与理想之岛，虽然微小且时刻有被推翻或自我终结的可能，但这个短暂的存在、这片难得的空间，至少有模型的价值。

竞争类游戏最终发展为各类体育运动；模仿和幻想类游戏是戏剧表演的前身；机运和组合类游戏，则是从概率论到拓扑学的众多数学理论发展的源起。显然，游戏对文化有着惊人的全方位贡献，对个体也有巨大影响。心理学家认为，游戏在儿童自我认同与性格养成过程中发挥着至关重要的作用。力量游戏、技巧游戏、运算游戏等，本身就是一种锻炼和训练，使游戏者体魄更强健、目光更敏锐、触觉更灵敏、思维更缜密。每一种游戏都能带来体能或智力的提升。它以令人欢愉而着迷的方式，将难事化易，为苦差增趣。

人们常常误以为游戏是对某种职业的学习。其实，游戏者只不过是从表象上模仿成人职业活动而已。玩骑马或开火车游戏的男孩，绝不是在进行成为骑手或火车司机的必要训练；女孩玩过家家游戏，给假想的餐盘里盛上虚拟的食物并佐以各种虚拟的调料，也并非在向厨艺界进军。游戏不是在为一个明确的职业做准备，而是在整体上提升人们在现实生活中克服障碍、应对困境的能力。用力将链球或铁饼投掷得更远，拿球拍反复接球、发球，这些行为本身对现实生活而言毫无意义，近乎荒谬；但是，游戏者的肌肉得到锻炼，反应愈加快捷，这是有好处的。

　　游戏要求游戏者有求胜心，能优化资源利用，同时避免违规。但是，游戏所要求的远不限于此。游戏者还须原则上信任对手，用合理的方式超越对手，不带敌意地击败对手。游戏之前，游戏者要做好碰壁或败北的心理准备；若游戏失败，要做到不动怒、不灰心，凡因失败而恼羞成怒、怨天尤人者，其名誉将受到折损。实际上，游戏每一次重新开局，都是一个全新开始，游戏者并无损失。与其气馁指责，不如加倍努力，投入到新一局游戏中。

　　游戏者的自制力由此得以加强，并且可推及其他社会关系及事件。在现实生活中，非公平竞争、时运不佳之事可谓家常便饭。游戏所贯彻的将行为与结果区分开来的超脱精神，哪怕只是形式上的，也不失为一种重要美德，需要付出努力才能达到。这种超脱精神在游戏中更易于培养，既是游戏本身的规则，也是游戏者的自尊心使然，"超脱"被视为荣耀之举。游戏调用个人所具备的优势、最大限度的热情、客观存在的机遇、冒险的勇气、审慎的谋略，以及综合运用上述各项的能力，这种能力本身也是一种更高阶、更复杂的游戏，堪称"将难以组合的力量有效组合"的艺术。从某种程度上说，没有什么比游戏更需要专注力、才智与制衡。游戏者不遗余力，进入某种"狂热"状态，在追求或坚持的过程中奇迹般超越极限。在这种情况下，超脱精神更值得赞颂。它使游戏者在纸牌翻转、骰子落定的一刻，能笑对哪怕是满盘皆输的结果。

　　此外，我们有必要考察眩晕类游戏及其带给游戏者的感官刺激。游戏者在决定参与这种注定会导致眩晕的游戏时，就已经放弃了本人自由意志的决断权，转而接受一种不容申辩的判决。从惊慌中获得快乐，心甘情愿地陷入困局以便尝试对抗，明知失败或受损不可避免，唯一退路是摆出无所谓的姿态——这正如柏拉图所言，是一场值得经历的华丽冒险。

罗耀拉[1]主张：行动时完全依靠自己，仿若上帝不存在；但心中时刻谨记，一切取决于上帝。游戏是一所磨炼人的学校，它告诫游戏者，想要获胜，就不可掉以轻心；又要与胜利保持一定距离，不可过于心切。赢来的可能会失去，甚至注定要失去。制胜之道比胜利本身更重要，至少不是些许赌金所能比拟的。将失败视为一时之势，坦然接受；成功时不盲目自大，不被胜利冲昏头脑。这种超脱的姿态和最大限度的审慎，就是游戏的准绳；把现实视为游戏，以从容姿态摒弃狭隘、贪婪与仇恨，这就是文明的作用。

对游戏精神的辩护令人反思前文所提及的游戏之缺陷与危害。游戏是一种追求欢愉的奢侈品，忍冻挨饿之人不会游戏。它具有非强制性，游戏者是否继续游戏完全取决于是否从中获得快乐。如果游戏者玩腻了、没兴致了，游戏便宣告终止。再者，游戏注定无任何产出或建树，无非是不断推翻先前的游戏结果。在这一点上，游戏与工作、治学不同，后两者注重成果及其资本化，进而或多或少地改变世界。此外，若在

---

[1] Ignacio de Loyola，西班牙籍神学家、天主教会神父，耶稣会创始人。——译者注

游戏中过度讲究规则、体面、细枝末节与等级流程，游戏将在牺牲内容的基础上发展出对形式的迷信甚至是狂热。最后，尽管游戏设有考验，但这些考验只在游戏背景下存在，不具备现实性。无论这些考验通过与否，其唯一结果无非是引起游戏者精神层面的满足或失落。如果人们习惯了这样的宽容，就难免会忽视现实考验的残酷性，仅习惯于考虑那些经过加工整理后的明晰因素，做出必然抽象的选择。简言之，游戏或许建立在赢得挑战的快乐之上，但这种挑战只是人为设置的，近乎虚拟，以适合游戏者并被其接受为前提。而现实生活远没有这般宽容体贴。

　　游戏的根本缺陷是游戏本性使然。假使抹除这些缺陷，游戏的丰富意义与作用也将不复存在。

第一部分

第一章

游戏的定义

1933年,莱顿大学校长赫伊津哈发表了一篇正式讲话,主题是"论游戏与严肃在文化中的边界"(Les Limites du jeu et du sérieux dans la culture)。之后,他深入阐述该篇讲话的主要思想,于1938年发表了一部独创性与影响力并重的著作:《游戏的人》(Homo Ludens)。尽管书中大部分观点有待商榷,但无疑为后续研究开辟了一条极富启发意义的新路径。赫伊津哈精辟分析了游戏的基本特性,阐述了游戏在人类文明发展过程中的重要作用。一方面,他试图精准定义游戏的根本属性;另一方面,他尝试厘清游戏对艺术、哲学、诗歌、司法等文化基础表现形式乃至依礼战争的影响。

赫伊津哈的论述十分精彩。他发现了前人未曾发现的游戏的作用,但也有意淡化了对游戏本身的描述与分类,仿佛所有游戏都能满足相同的需求,以无差别的方式反映出相同的心理设定。他的著作不是对"游戏"的研究,而是对"游戏精神的文化效用"的研究。更确切地说，书中提到的"游戏精神"，仅限于有规则的竞争类游戏。赫伊津哈首先必须定义游戏，才能由此划定研究范围。摸清他对游戏的定义，有助于理解在这个各方面都值得称颂的研究中为何会留下奇怪的空白。赫伊津哈对游戏的定义如下：

> 从形式上看，我们可以简单地将游戏定义为一种自由活动，它是虚构的，独立于日常生活而存在，但仍然可以使游戏者全身心投入其中。这种活动没有任何物质利益或实用价值，在明确限定的时间和空间范围内，按约定的规则和秩序开展，并在生活中形成组群关系。这些组群自愿营造出神秘气息，或是通过乔装打扮，彰显他们有别于日常世界的特立独行。[1]

如此定义，尽管字字珠玑、富有内涵，但仍存在太过宽泛或太过狭隘的问题。值得称赞并富有启发意义的是，它关注到游戏与秘密之间——或者说游戏与神秘之间——的关联，虽然这种关联无法作为游戏的定义，因为游戏几乎总是戏剧化和外显的。秘密、神秘、乔装打扮等因素或可运用到游戏

---

[1] 《游戏的人》，法语版，巴黎，1951 年，第 34—35 页。我们可以在第 57—58 页找到另一种定义，不那么丰富，但也少一些限制："游戏是一种自愿的行为或活动，在限定的时间和地点内，依据自由约定但完全不可违抗的规则进行，从而使游戏者感受到刺激和乐趣，使其状态有别于日常生活状态。"——以下注释若无说明，均为原书注

之中，但游戏活动的开展显露了原本是神秘的东西，公开了原本是秘密的事情，因此是对神秘和秘密的消耗。总之，游戏改写了神秘属性。相反，如果秘密、面具、服装发挥的是圣事功用，那我们可以肯定地说，这必然不是游戏，而是一种制度。一切本质上是神秘或模仿的事物都与游戏接近，但游戏仍是以虚构和娱乐为主。也就是说，在游戏中，"神秘"并非至高无上、不容破坏，"模仿"也不会引起转变和附体的真实发生。

其次，赫伊津哈在对游戏的定义中指出，游戏没有任何物质利益。这一点，轻易就将赌博和机运游戏排除在外。赌博、赌马、彩票等恰恰在大众经济与个体生活中占据了重要位置，产生或好或坏的影响。它们的开展形式多种多样，却无一例外存在风险与收益的关联。在赫伊津哈的著作中，几乎找不到对机运游戏、金钱游戏的描述。这样一种失之偏颇的界定必定会影响研究结果。

这种偏颇的产生自有其原因。阐述机运类游戏的文化价值，要比阐述竞争类游戏的文化价值困难得多。实际上，机运类游戏对文化的影响丝毫不亚于竞争类游戏，哪怕人们认为这种影响是负面的。另外，撇开机运类游戏而对游戏下定义，等同于断言或暗示游戏不会涉及任何经济利益。实际上，问题不可一概而论。有的游戏可以带来巨大的经济收益或损失，这也是此类游戏的目的所在。不过，哪怕涉及金钱，此类游戏依然是毫无产出的。赢家在游戏中的获利，在理想状况下无非是输家在游戏中的损失，两者数额相等。不过，扣除一般费用、税收及游戏运营方的盈利，赢家的获利额通常比输家的损失额要小。游戏运营方不参与游戏，或者说，他所参与的"游戏"受大数定律[1]保护而免遭机运影响，他也是唯一一个不以游戏为乐的人。游戏只是使财产发生了转移，并没有创造财富。再者，这种财产转移因游戏者的自由抉择而发生，仅对游戏者有影响，限定于游戏者愿意接受的前提之下。游戏每次重新开局，游戏者都可以重新抉择。不创造任何财富或作品即游戏的特性之一，使之有别于工作和艺术。一局游戏结束后，一切都可以也必须回到原点，没有任何新事物产生。既没有收成，也没有产品；既没有杰作诞生，也没有资本增长。游戏纯粹是一种消耗，消耗时间、能量、心思、技艺，以及更常见的——消耗金钱，用于购买游戏配件、支付游戏场地费用等。至于那些职业人士，如拳击手、自行车运动员、赛马骑师或演员，他们在拳击场、赛道、赛马场或舞台上谋生，必须考虑奖金、工资或出场费，显然不是以"游戏者"，而是以"职业人"的身份出现。他们如果想要玩游戏，会采取另一种方式。

毫无疑问，游戏必须被定义为一种人们自由选择、自愿参与，可从中获得欢乐与趣味的活动。如果游戏者被迫参与

---

[1] 指在随机实验中，重复的次数越多，其结果的平均值越接近某个确定的期望值。——译者注

其中，这场活动则不再是游戏。它变成了一种约束，一份令人迫切想要摆脱的差事。如果游戏变成了一项义务，或游戏者是在别人的劝说下被迫参与，便不符合游戏的根本特性之一——游戏者自发、自愿投入其中，以此为消遣，随时有权放弃游戏，转而选择退出、隐匿、静默、沉思、闲处或是进行有产活动。正因为如此，瓦雷里[1]才会如此定义游戏：游戏是"乘兴而始，尽兴而止"[2]。只有当游戏者愿意参与，并以追求欢愉、摆脱烦恼（哪怕他选择的是最耗费心思和精力的游戏）、从日常生活中抽身为目的时，游戏才会存在。除此之外，更重要的是，游戏者可以随时结束游戏，凭一句"我不玩了"即可。

游戏本质上是一种自成一体、特立于其他现实存在之外的活动，通常在已明确界定的时间和空间范围内进行。游戏需要一个空间，例如玩跳房子游戏时画在地上的方格、象棋盘、跳棋盘、体育场、赛道、竞技场、拳击场、舞台、角斗场等。发生在游戏空间以外的事情不计入游戏考量。游戏者如因失误、意外而被迫出界，或将球打到场地以外，会被判无效或受罚。

游戏只能在约定的界限内开展，其中也包括时间的界限：游戏在给定的信号下开始或结束。游戏时长通常是提前设定

---

[1] Paul Valéry，法国象征主义后期诗人的代表。——译者注
[2] 保尔·瓦雷里，《真实呈现》(Tel quel)，第2卷，巴黎，1943年，第21页。

好的。无视游戏时长或无故中断游戏（例如孩童在游戏时突然喊"暂停"），都是失誉行为。如有需要，游戏可以加时，但这必须是游戏各方共同商定或裁判判决的结果。总而言之，游戏领域是一个专属、封闭、受保护的领域，是一片纯粹的空间。

在这个确定的空间、明晰的时间范围内，日常生活中混沌不清、错综复杂的法则，被精准、专断、不容辩驳的游戏规则所取代。游戏者必须不走样地执行游戏规则，使游戏在规则的统领下以正确的方式进行。舞弊者就算违规，至少也会假装遵守规则。他不会就游戏规则本身讨价还价，反倒是利用了其他游戏者遵守规则这一点。由此，我们应该接受以下论点：不忠的舞弊者并不会摧毁游戏；摧毁游戏的是那些否认游戏规则，揭露游戏规则荒诞性和纯协约性的本质，因游戏毫无意义而拒绝参与的人。他们所言确实无可辩驳——游戏除了其本身，并无其他意义。这也是为什么游戏规则具有强制性、绝对性，不容争辩推脱。没有任何理由使得游戏规则只能如此而非其他，在那些因此而不接受游戏规则的人看来，游戏规则必定是一种荒谬怪诞的存在。

人们只有在愿意参与之时、在所能接受的时长之内开展游戏，才是真正地玩游戏。从这一点看，游戏是一项自愿活动。它也是一项具有不确定性的活动，直到游戏最后一刻，这种不确定性都持续存在。玩纸牌游戏时，若结局已经十分明显，人们就会放下手中的牌，结束这一局；玩彩票或轮盘游戏时，人们下注的数字可能会中，也可能不中；在体育游戏中，参赛者必须水平相当，每个人都有胜出的可能性，直到比赛最后一刻。游戏者在所有技巧游戏中都有失手的风险，如果这种风险的胁迫感消失，游戏将不再有趣。那些经过大量训练、技艺炉火纯青、不做任何努力就能稳赢的人，已经无法从游戏中获得乐趣了。

如果事件进程可预知，毫无发生意外或失误的风险，必定走向不可改写的结局，那这与游戏的本性是不相容的。游戏进程必然不可预见、不断更新，正如足球赛中的每一次进攻、剑术中的每一次回刺、网球中的每一次换球、象棋对弈中双方的每一次走子。游戏就是需要在规则限定下快速形成自由回应。留给游戏者的自由度和行动空间对游戏而言至关重要，某种程度上也正是游戏的乐趣所在。这与之前所说的"jeu"（游戏）一词的多种含义相呼应，比如某位艺术家的"jeu"（手法），或是一套齿轮系统的"jeu"（余地）。前者指个人的演绎风格，后者指一套机制的调整空间。

很多游戏没有规则。比如，玩布娃娃，扮演官兵或小偷，假装骑马、开火车、开飞机等都没有，至少没有固定的硬性规则，而是基于自由即兴发挥，以角色扮演为乐。游戏者假装自己是其他人或物（例如一台机器）。这些游戏貌似不具备"有规则"这一特质，实则不然。我认为，虚构、假装的意识，实际上就是一种规则，发挥了与其他游戏规则完全相同的作用。规则本身创设了一种虚构性。那些下象棋、玩追人游戏、玩马球、玩巴卡拉纸牌[1]的人，通过遵守相应游戏规则，将自己从日常生活中解脱出来。这些游戏绝不是对现实生活中某项事务的真实再现。正因为如此，人们是真正在玩象棋、追人游戏、马球、巴卡拉纸牌，并非假装在玩。相反，在以模仿日常为内容的游戏中，一方面，游戏者显然不可能创设并遵守现实中本不存在的规则；另一方面，游戏者在游戏全过程中都知道自己不过是在假装和模仿。这种行为背后深层的对非现实的认知，取代了定义其他游戏的专断性规则，同样将游戏与日常生活区分开来。在模仿类游戏中，游戏破坏者不再是之前所提到的"揭露游戏规则荒诞性"的人，而是那些破坏游戏者兴致、推翻游戏情景设定的人。例如，提醒游戏中的小男孩他并不是一名真正的侦探、一个真正的海盗、一匹真正的马、一艘真正的潜水艇；或是向游戏中的小女孩指出她怀里的娃娃是假的，她盛在玩具餐盘里的并非真正的食物，也不是做给真正的夫人们吃的。

由此看来，游戏并非有规则且为虚构，而是有规则或为虚构。在特定情境下，某些有规则游戏成了不明就里的人眼中的严肃活动。也就是说，在外行看来，它无异于日常生活，是日常生活的组成部分。对不明就里而又深感兴趣的外行而

---

[1] baccara，也称"百家乐"，一种赌场常见的纸牌游戏，源于意大利。——译者注

言,这个有规则游戏兴许能变成一个有趣的模仿游戏的范本。我们不难在脑海中构想这样的画面:小孩子为了模仿大人,拿着或真或假的棋子,在一块假象棋盘上胡乱摆弄,假装在玩"下象棋"的游戏。

以上论述以界定游戏本质为目的,即描述所有游戏的最大共同点。这样的讨论还有另一个好处:突显游戏的多样性,极大拓展以往的游戏研究范围。尤其值得注意的是,这些论述倾向于在已有的游戏研究基础上增加两大新范畴:一类是赌博和机运类游戏,另一类是模仿和演绎类游戏。尽管如此,仍有诸多游戏和娱乐活动无法被归入其中,或是无法被完全归入其中。比如风筝、陀螺、拼图、纸牌接龙、填字游戏、旋转木马、秋千,以及一些游乐场的娱乐设施游戏等。关于这一点,我们稍后再做讨论。通过前文分析,我们基本可以将游戏界定为具有以下特点的活动:

一、自由性:游戏者不是被迫参与游戏,否则游戏将立刻失去诱人和愉悦的休闲本质。

二、抽离性:游戏被限制在提前设定的、确切的空间与时间范围内。

三、不确定性:游戏进程不可能提前确定,游戏结果不可能提前获知。在游戏必要的创造过程中,游戏者必须掌握一定的主动权。

四、非生产性:游戏不创造资产、财富或任何形式的新元素。此外，除了游戏者之间的财产转移，游戏结束时的状况与其开始时的状况别无二致。

五、规则性：游戏受规则约束，这些规则暂时搁置惯常的法则，生成全新的、唯一有效的评判体系。

六、虚构性：游戏过程伴随着一种对次现实或非现实的独特认识，有别于日常生活。

游戏的以上特点完全是形式上的，无关游戏内容。但是，最后两点特性，即规则性和虚构性，貌似不可兼容。这一事实说明，这些特点所定义的游戏内在属性，也应当成为分类讨论的对象：不是看这些内在属性如何使游戏作为一个整体区别于其他现实存在，而是看它们如何因不可消除的独特性使游戏形成不同分类。

第二章

游戏的分类

　　游戏的种类及数量繁多，很难找到一种放之四海而皆准的分类法则，将所有游戏简单划分为几个界限明晰的类别。此外，游戏涉及方方面面，分类视角也多种多样。从惯用词汇上足以看出，将游戏分类是一件多么举步维艰且趋向不明的事情——人们同时使用多种分类方式。区分"纸牌游戏"与"技巧游戏"毫无意义，"棋盘游戏"与"体育游戏"也不构成对立。分类标准有时是游戏所用器材，有时是游戏所需技能，有时是游戏参与人数与氛围，有时又是游戏开展的地点。此外，还有其他增加分类难度的因素：同一个游戏，既可以一个人玩，也可以多个人玩；可能需要同时动用多项技能，也可能不需要任何技能。

　　在同一个地点，人们可以开展完全不同的游戏。旋转木马和抖空竹都可以在户外进行。但是，坐在旋转木马上优哉游哉的孩子，与奋力尝试接住空竹的孩子，两者的精神状态必不相同。此外，很多游戏无须借助器械或道具即可开展，同一种工具也可以在不同游戏中发挥不同功用。弹珠一般是技巧游戏的工具，如果游戏一方将几个弹珠握在手里，让对手猜测弹珠数量是奇数还是偶数，那么弹珠就成了机运游戏的工具。

至此，一种明确划分游戏类型的根本特性已初现雏形。在赌博游戏、彩票游戏、轮盘游戏、巴卡拉纸牌游戏中，游戏者显然都抱持同一种态度：他什么也不做，只等命运做出裁决。相反，拳击手、跑步者、棋手或是玩跳房子的人，都是拼尽全力，争取胜利。尽管这些游戏有体能型也有智力型，但游戏者的状态都是力求战胜与他处于同等条件下的竞争对手。由此可见，将机运类游戏和竞争类游戏两相对立不无道理。更重要的是，这一思路引导我们依据其他根本特性将游戏合理划分为不同类别。

*

据上，经过多番探究，我将游戏划分为四大主要类别。在四类游戏中，占主导地位的因素分别是竞争、机运、模仿和眩晕。我将这四类游戏相应称为竞争类游戏（agôn）、机运类游戏（alea）、模仿类游戏（mimicry）、眩晕类游戏（ilinx）。四者都属于游戏范畴：玩弹珠、踢足球、下象棋（竞争类游戏）；玩轮盘或彩票（机运类游戏）；扮演海盗、尼禄或哈姆雷特（模仿类游戏）；通过快速旋转或起落，给身体带来一种混乱和惊慌感（眩晕类游戏）。但是，四大分类仍无法囊括全部游戏，而只是在游戏世界里划出四个板块，分别由某一个独特的原则所统领。这种分类方法将同一类型的游戏归为同一板块，在板块内部，不同游戏又以同种次序、相似进程分为不同层级。基于此，我们也可以把四大分类归于两个对立极之间。其中一极，几乎完全由一个共通原则所支配：轻松、喧闹、自由自在即兴发挥、无忧无虑肆意施展。游戏者呈现出一种随心所欲的状态，我称之为戏耍（*paidia*）。而在对立的另一极，顽皮而冲动的奔放状态几乎完全消失，至少是受到了另一种互补趋势的约束。该趋势在某种程度上（但并非绝对）与散漫、任性的特性相悖，游戏越来越屈从于专断性、强制性、有束缚意味的专断机制，面临越来越刁钻的难题，受到越来越大的阻力，达到期望结果的难度也越来越高。尽管达到游戏结果需要的努力、耐心、技巧或构思不断增加，但游戏结果本身仍是完全无用的。我将第二种状态称为技游（*ludus*）。

我之所以不使用法语命名，并不是要搭建一个看似神乎其神、实则毫无意义的花架子。在我看来，要将互不协同的表征归于同一标签之下，最便捷的办法就是借用某种语言中的某个词语作为标签——这一词语必须能最大限度地明宗阐义，且概括性强。这样一来，每个被研究的游戏类别就不会被它所汇集的各种元素中的某一种的特征所界定。如果用某种特征来给整个类别命名的话，难免会发生以偏概全的情况。当我进一步阐述我所采取的分类方法时，使用术语命名游戏类型的必要性将不证自明。这种术语不过分倚重具体经验，而且在某种程度上，游戏分类恰恰只能依据一种前所未有的原则进行。

秉持这一原则，我在每一种分类中都尽量列举那些看似最不相同的游戏，以求突显它们之间的同源性。我将体能游戏和智力游戏互搭，将倚重力量的游戏与倚重技巧或谋略的游戏混合；我并没有刻意区分儿童游戏和成人游戏；只要有机会，我就会对比研究动物界中的同类行为。这样做是为了强调这种分类方式的准绳：只有当它明显符合不同游戏所固有的根本动因时，这种分类方式才立得住脚。

（一）基本类别

竞争类游戏——此类游戏以竞争形式出现，也就是说，人为制造一场机会均等的竞争，游戏对手在理想条件下展开对决，胜出者有可能获得不容置疑的特殊价值肯定。因此，在这一类别下，每一场游戏都是一次竞争，参与者凭借某种优势（速度、耐力、体能、记忆、技巧、构思等），在明确的界限内不依靠任何外部援助行事，胜出者被视为某一范畴内的最优者。这正是体育竞技的规则，也是体育运动的多种细分类别存在的原因，不管它们是两两对局（两个个体或两支队伍，如马球、网球、足球、拳击、击剑等）还是多人对局（如各类竞速比赛、射击比赛、高尔夫球、田径运动等）。该类别中还包括这样一些游戏：开局时，各方都拥有价值相当、数量相等的配置。跳棋游戏、象棋游戏、台球游戏就是其中的最佳代表。确保游戏者从竞争起始阶段即机会均等，显然是竞争的基本原则。如果游戏参与者实力悬殊，人们会通过让步重新构建平衡。也就是说，在初始模式内部，根据参与方的实力悬殊程度做二次调整，为达到机会均等而特设一种不均等。这种做法对体能型竞争类游戏（比如体育对决）和智力型竞争类游戏（比如下象棋时，让实力较弱一方的兵、马或车拥有某种优先权）都很重要。

尽管人们孜孜以求，但"绝对公平"很难实现。例如，在跳棋或象棋游戏中，先走子的一方更有优势，可抢得关键位置或先于对手施展战略。相反，在桥牌游戏中，最后一个叫牌者可以从对手先前的叫牌中获取线索；在槌球游戏中，最后出场往往更具优势。体育竞赛中，朝向（向阳或向阴）、风向（顺风或逆风）、封闭的赛道（处于内圈或外圈）都可能成为选手的有利或不利条件，其影响不可小觑。为了消弭或缓解这些不可避免的不平等因素带来的影响，选手们会在游戏开始之前抽签，在游戏过程中严格实行轮换制，交替承受优劣条件。

竞争类游戏的动因在于：每一个竞争者都渴望自己在特定领域的杰出才干能得到认可。这就是为什么竞争类游戏需要持久的定力、恰当的练习、艰辛的努力以及获胜的决心。竞争类游戏意味着戒律与坚持。它促使选手凭一己之力，在约定的界限内，合理合规地利用有限资源，求得最佳结果。正因为这些界限与规则是平等施予每一个选手的，胜出者才具有无可争议的优越性。竞争类游戏是个人才干的纯粹表现与彰显。

在游戏范畴之外及其边缘，很多文化现象都遵循与竞争类游戏相同的法则，体现出竞争类游戏精神之所在。例如双人决斗、各类比试以及所谓的依礼战争等。

照理说，动物应该不知道竞争类游戏的存在，也不讲究边界或规则，它们只是在一场毫无仁慈可言的斗争中简单求胜。当然，赛马和斗鸡显然不在此列。人类迫使经过训练的动物展开对决，遵守的仍是人类设定的规则。不过，事实表明，动物似乎也有对决的爱好。动物对决哪怕没有设定规则（这一点毫不令人意外），至少也暗含着一种动物共同认可、自愿遵守的边界。两只闹着玩的小猫（或是小狗、小海豹、小熊）在不受伤的前提下试图把对方推倒，就属于此类情况。

另一个更具说服力的例子是牛的斗角行为。两头牛低着头，角对角，你顶我我顶你，试图让对方却步。类似的力量对决也经常发生在两匹马之间，它们抬起前腿，仅靠后腿站立，将身体的全部重量向对手斜压过去，使对手失去平衡。观察者还发现，马匹之间会以挑战或邀请的方式发起各类追逐游戏。之所以称之为"游戏"，是因为被追上的马根本不惧怕追上它的马。最强有力的例证发生在那些被称为"格斗士"

的野生小孔雀之间：正如卡尔·格鲁斯[1]所描述的，它们会选择一块"直径约1.5~2米、长有浅草、地势稍高的潮湿平地"作为格斗场，每天都有雄孔雀聚集在此。一旦先到者等来对手，格斗随即开始。"选手们"先是抖动身体，频频点头，然后竖起羽毛，亮出鸟喙，冲向对手，发起进攻。没有任何一次追逐或打斗发生在这片特定的格斗场之外。以上事例说明：这种动物间的竞争并不以重创对手为目的，而是为了突显个体的优越性。人类只不过是在此基础上进一步打磨了规则而已。

那些已形成个性但尚不能参加有规则竞赛的儿童，也经常会发起一些奇怪的挑战，从而展示各自的能耐。例如，比赛谁能够盯着太阳看得更久，谁能够忍受更长时间的挠痒痒，谁能够憋气到最后，谁最后一个眨眼睛，等等。有的挑战更为严苛，需要忍耐饥饿，或是承受鞭打、拧掐、针扎、灼烫之苦。这些苦行游戏正如其名，开启了一系列严峻考验，是对青少年在进入成人世界时将要承受的刁难与虐待的预演。这样一来，形式日趋完美的竞争类游戏，除了狭义上的竞赛，还包括一些挑战类游戏和体育运动（如狩猎、爬山、填字游戏、象棋难题[2]等），参与者虽不是直面对手，但同样也是投身于一场广义的持久而艰难的竞争中。

---

1 卡尔·格鲁斯（Karl Groos），《动物的游戏》（*Les Jeux des animaux*），法语版，巴黎，1902年，第150—151页。
2 经构思编排的国际象棋棋局，参与者须解开这一复杂棋局。——译者注

机运类游戏——"alea"源自拉丁语，指"骰子游戏"。我以此指代这一类游戏：它们与竞争类游戏恰恰相反，游戏者要面对的不是对手，而是命运。胜败取决于游戏者所无法掌控的命运决断。更确切地说，命运是决定胜负的唯一操盘手。如果有人从这一类游戏中胜出，那只能说明他比失败者更走运。此类游戏的典型代表是骰子游戏、轮盘游戏、猜正反面游戏、巴卡拉纸牌游戏、彩票游戏等。在这类游戏中，人们不再试图消除机运的不公，恰恰相反，机运的裁决正是此类游戏的唯一动因。

机运类游戏记录并揭示了命运的效力。在命运面前，游戏者完全是被动的，个人才能或资源无以施展，无论是技巧、力量还是智力都派不上用场。游戏者唯一能做的，就是拿赌注去冒险，然后战战兢兢又满怀希望地等待命运裁决。机运类游戏同样强调"公正"，却是以其他方式，依旧在理想状态下实现。它表现为风险与回报之间严格、精确的比例关系。我们在前面谈到，竞争类游戏力求使参与者的获胜概率相等，而机运类游戏则在于维系风险与回报的精准平衡。

与竞争类游戏相反，机运类游戏无视个人努力、耐心、技巧、资历，将术业专攻和长期训练的成果瞬间抹除。它对游戏者要么毫不眷顾，要么倾力成全。对幸运的游戏者而言，机运类游戏所能给予的，远远超过起早贪黑、辛苦劳作所获。机运类游戏似乎是一种对个人才干的居高临下、蛮横无理的嘲讽。它要求游戏者抱持与参加竞争类游戏时截然相反的态度：在竞争类游戏中，游戏者只能靠自己；而在机运类游戏中，胜利取决于一切（例如被游戏者当成命运的暗示或警告的蛛丝马迹、独特征兆），唯独不取决于游戏者本身。

竞争类游戏倚赖个体担当，机运类游戏却使人摒弃个人意志，转而顺从于命运。某些游戏，如多米诺骨牌、双陆棋以及大部分纸牌游戏，是竞争与机运的组合。机运决定了游戏者拿到一手怎样的牌，游戏者再凭借个人能力，把命运盲目发放的牌打好。在桥牌游戏中，技艺与推理能力是制胜关键。扑克游戏也离不开对对手心理和个性的揣摩。

一般而言，机运成分占比越大，金钱在游戏中所扮演的角色就越重要，玩家的防范力就越微弱。原因很简单：机运类游戏并不以"让最聪明的人赚最多的钱"为目的，而是要消除个体先天或后天的优越性，使每个人都处于完全平等的状态，听任命运的随机安排。

竞争类游戏的结果必然是不确定的，看似是纯机运作用的结果（因为竞争者的获胜概率原则上趋同）。因此，一切具有理想的有规则竞争特点的对局，都可以成为打赌对象，从而引发机运类游戏。赛马或赛狗、足球比赛、回力球比赛、斗鸡等均是如此。有时，赛事的起伏转折还会引起赌注赔率的不断变化。[1]

---

1 例如巴利阿里群岛的回力球比赛、哥伦比亚和安的列斯群岛的斗鸡比赛。当然，我们不应该将职业赛马骑师或者马匹所有者、赛跑运动员、拳击手、足球运动员或任何田径运动员所获得的现金奖励纳入考量范围。尽管他们的报酬也许颇为可观，但不能算作机运类游戏所得。因为这是对（转下页）

机运类游戏绝对是人类的专属。动物也开展竞争、模仿和眩晕类游戏（格鲁斯已经找到了令人咋舌的实证），但是，动物只活在当下，为本能冲动所束缚，无法想象还有一种抽象、中立的力量，可以作为一种判决，对此游戏者只能被动服从。投入一笔财产，然后刻意被动等待命运的决断，接受财产成倍增加或流失（两者概率相等）的结果，这需要预测、设想和投机的能力，只有经过客观谋划才能实现。也许正是因为这一点，越是不懂事的小孩（他们比成人更接近动物状态），机运类游戏对他们而言就越没有大人看来的那么重要。在儿童眼中，游戏就得有所行动。此外，儿童尚未经济独立，没有属于自己的钱财，体会不到机运类游戏最大的诱惑所在。因此，这类游戏不可能使他们感到刺激。当然，弹珠对儿童而言如同财物一般，不过，儿童在游戏中赢取弹珠，更多是凭借技巧，而不是运气。

*

在竞争类游戏和机运类游戏中，游戏者呈现出截然相反的状态，形成一种对立。但是，两者都遵循同一法则：在游戏者之间人为创设在真实生活中不可能存在的、纯粹的平等条件。现实生活中没有什么是绝对清晰的，机运和才干永远

（接上页）奋力拼搏的回馈，与才能相匹配，绝不等同于命运的恩赐。后者完全是运气作用的结果，不受赌徒控制。因此，两者可以说是截然相反的。

混杂交织。而游戏，不管是竞争类游戏还是机运类游戏，都试图用完美的情境取代日常的混杂状态，纯粹由才干或由机运发挥无可争议的作用。这就意味着，每个人都享有完全均等的机会，去证明自己的价值或获得命运的垂青。总而言之，竞争类游戏和机运类游戏，都是通过创设另一个世界来逃离现实世界。当然，人们也可以通过创设另一个自我，达到逃离现实世界的目的——这就是模仿类游戏的功效。

模仿类游戏——这类游戏暂时接受一种幻象（在拉丁语中，"幻象"的字面意思即"进入游戏"：in-lusio），一个封闭而带有协约性质的虚构世界。模仿类游戏并不是在想象空间里展开活动、承受命运，而是由游戏者本身转变为某个幻想中的人物，并据此行动。此类游戏的表现形式繁多，但都有一个共同特点：游戏者将自身设定为，或让别人将他设定为非其本体的他者。他暂时忘却和掩藏自我，乔装为另一种身份。我把这些表现命名为"模仿"（mimicry），这一英文单词也指"拟态"。拟态现象在昆虫界十分常见，展现了模仿类游戏根本动因的类机体性质。

昆虫世界仿佛是大自然提供的、最不同于人类世界的解。昆虫世界虽与人类世界大相径庭，但同样精巧繁复，令人惊叹。我们有必要考察拟态行为，而昆虫恰恰是拟态界的高手。实际上，相对于人类多变、自由、随意、不完全、外化的模仿行为，动物尤其是昆虫的模仿（拟态）则常常是固定、完全的机体改变，并作为物种特征以遗传的方式在数以百万计的同类个体中不断被精准复制。正如蚂蚁社会的等级制度之于人类的阶级斗争，蝴蝶翅膀的花纹之于人类的绘画史。我们可以大胆地将昆虫谜一般的拟态行为与人类对乔装打扮、佩戴面具、角色扮演的爱好相比照。尽管在昆虫界，面具和易装已成为生物机体的一部分，而不是刻意制造的道具，但两者可以发挥同样的功效：通过改变自己的外表来吓唬他者。[1]

在脊椎动物中，"模仿"冲动首先表现为一种难以抵抗的身体感染力，诸如打呵欠、逃跑、跛行、微笑及其他具有传染性的身体动作。赫德逊[2]认为，年幼的动物会不由自主地"追随一切远离之物，躲避一切靠近之物"。一只小羊羔可能会在母亲转身靠近它时惊跳逃跑，却又会追随正离它远去的人类、狗或马。"受感染"和"效仿"还算不上是"假装"，但提供了"假装"的可能性，催生出"模仿"的兴趣与冲动。在鸟类中，这一冲动表现为以求偶为目的的表演、仪式以及炫耀。雄鸟或雌鸟沉湎其中，流露出少有的投入和明显的欢乐。尖额蟹把所能抓到的海藻和珊瑚统统插在背上，不管这一行为

---

[1] 我在拙著《神话与人》(*Le Mythe et l'homme*，巴黎，1938年，第101—143页)的《拟态与传奇性精神衰弱》一文中，枚举了昆虫以震慑或隐匿为目的的拟态行为（如螳螂、目天蛾的神奇拟态）。这篇文章的观点在今天看来失之偏颇。实际上，我不再将"拟态"视为空间感的紊乱、回归无生命状态的倾向，而是——正如我现在所提到的——人类的模仿类游戏在昆虫界的对等物。尽管如此，我当时所枚举的事例依然具有价值，因此，我在本书末尾的"文献"部分第199页再次引用。

[2] William Henry Hudson，阿根廷裔英国博物学家、鸟类学家。——译者注

背后的原因是什么，无疑都暴露了它们的乔装天性。

模仿和乔装正是此类游戏的互补性动因。儿童喜欢模仿成人，成套仿真玩具因此而畅销，它们是成人所使用的工具、器械、武器的仿制品。女孩在玩游戏时，假装自己是妈妈、厨师、洗衣工、熨衣工等；男孩假装自己是战士、火枪手、警察、海盗、牛仔、火星人等。[1] 例如，男孩张开双臂，嘴里发出类似马达的声音，假装自己是一架飞机。但是，模仿行为绝不囿于童年时期，在成人世界也大量存在。其中包括一切需要佩戴面具或乔装打扮，进而影响游戏者行为的娱乐活动。舞台和戏剧表演显然归于此列。

模仿类游戏的乐趣在于成为他者或是被当作他者。作为一种游戏，其本质并非要欺骗观众。一个在游戏中假装自己是小火车的男孩会拒绝爸爸的亲吻，并解释说"人是不会去亲吻火车的"。他并不是要让父亲相信他真是一列火车。在狂欢节上，佩戴面具的人也并不是要让别人相信他是一个真正的侯爵、斗牛士或印第安人，他只是想要利用放纵的气氛来威慑他人。而这种放纵本身，源于面具掩盖了个人的社会身份，释放出真实个性。同理，演员也并不是要让观众相信他真的是李尔王或查理五世。只有间谍和逃亡者才真正是为了欺骗而伪装自己，他们可不是在玩游戏。

---

[1] 正如我们所观察到的，女孩们的成套玩具，大多是对周遭现实（如家庭行为）的模仿；而男孩们的成套玩具，所涉活动往往遥远而浪漫，是难以企及或不现实的。

以自主想象、表演、行动为主导的模仿类游戏，似乎与被动、无策的机运类游戏无关，但可以与竞争类游戏产生关联。我指的不是两者外在形式的结合——易装比赛，而是更深层次的联结。对场外观众而言，所有竞争类游戏都是表演，只不过为了使其结局有效，不允许游戏者假装而已。大型体育赛事常常是模仿发生的特优时机，此时，做出模仿行为的不是"表演者"（即场上的运动员），而是观众：仅仅是观众对冠军的身份代入，就构成了一种模仿，与读者对小说主角、影迷对电影主角的身份代入类似。要证明这一点，只需要陈述体育冠军与演艺明星之间完全对等的功能（关于这一点，后续我将进一步阐述）。冠军是竞争类游戏的胜出者，无疑是体育界的明星；而演艺明星是一场隐性竞争中的胜出者，这场竞争比拼的是知名度。不管是体育冠军还是演艺明星，都会收到大量的粉丝来信，接受媒体的狂热采访，被粉丝索要签名。

实际上，自行车比赛，拳击或摔跤比赛，足球、网球或马球比赛等，本身就是一种表演，有特定的服装、庄重的开场、特定的礼仪以及受规则约束的进程。表演的"剧情"不断变化，观众时刻处于紧张状态，直到结局落定。这时，有人欢欣若狂，有人怅然若失。这种表演既有竞争类游戏的性质，又有演绎类活动的表象。观众禁不住要通过声音或动作为自己喜爱的运动员加油鼓劲，就像赛马场上人们为下注的马匹呐喊助威一样。为了助力参赛者（不管是人还是动物），观众会如同受到感染般，做出与参赛者姿态趋同的身体动作，类似于保龄球玩家不自觉地朝他希望球滚去的方向微微倾身。这时，在表演之外，在观众当中，又产生了一场以模仿为媒介的竞争，与场上的真实竞争并存。

模仿类游戏具备游戏的几乎所有特征——自由、协约、抽离于现实、时空界限，除了一条：它并非持续服从于强制性、精细化的规则。如前所述，在模仿类游戏中，现实被抹除，取而代之的是由模仿带来的次现实。模仿类游戏是不间断的创作，其唯一规则是：表演者要打动观众，避免因失误而使观众出戏；观众要接受幻象，不能首先就排斥布景、面具及装饰，而要在特定时空内假定它们为真实，将之当作比现实还逼真的现实。

眩晕类游戏——这最后一种游戏类型，囊括了所有符合以下特征的游戏：追求眩晕感，试图在有限时间内打破感官平衡，用带有快感的迷乱取代清晰意识。无论游戏形式如何，最终都是进入痉挛、昏迷或晕眩状态，以极端刺激抹除现实感。

追求眩晕迷乱的现象并不少见。我只列举两个事例：一是旋转托钵僧（derviches tourneurs），二是墨西哥飞人（voladores）。之所以列举这两者，是因为前者从技术层面上看可被归为儿童游戏一类，而后者结合了精湛的高空杂技。因此，两者分别涉及眩晕类游戏的两个极端。旋转托钵僧是在急促的鼓点声中通过不断加速旋转达到出神状态。这种具有感染性的多人同步疯狂旋转一旦达到极点，将引发精神层面的惊慌与昏沉。[1] 墨西哥飞人——瓦斯特克人（Huastèques）或托托纳克人（Totonaques）——装扮成苍鹰的模样，爬到高达 20~30 米的桅杆顶端。他们的手腕与仿制的"翅膀"相连，腰上系一根长绳，绳子从他们的脚趾间穿过，与桅杆相接。然后，他们头朝下、脚朝上，张开双臂，从高空降落，同时围绕桅杆旋转。在到达地面以前，他们会转上好几圈。据托克马达（Torquemada）描述，他们需要转 13 圈，降落轨迹呈不断扩大的螺旋形。飞人仪式从中午开始，包含若干次飞行，被人们视为夕阳之舞。群鸟被视为神化的亡灵，是飞人的伴舞者。由于频繁发生安全事故，墨西哥当局禁止了这项危险的活动。[2]

如果说以上例证过于离奇，我们还可以列举儿童的一种普遍行为：通过快速旋转，在离心力的作用下，使身体失去平衡、感官不再精准。儿童将其视为游戏并乐此不疲。"人体陀螺"游戏正是如此：儿童以一只脚的脚跟为支点，以最快

---

[1] O. 德邦（O. Depont）、X. 科波拉尼（X. Coppolani），《穆斯林宗教协会》（*Les Confréries religieuses musulmanes*），阿尔及尔，1887 年，第 156—159、329—339 页。

[2] 见收录于《民族学》（*Ethnos*，1937 年 7 月，第 2 辑第 4 册，第 179—192 页）中的海尔格·拉森（Helga Larsen）的文章《墨西哥飞人及其相关仪式和迷信》（"Notes on the volador and its associated ceremonies and superstitions"）的描述与图片；另见收录于《第 28 届美洲文化学者国际大会文录》（巴黎，1947 年，第 327—334 页）中的居伊·斯特雷塞-佩昂（Guy Stresser-Péan）的文章《墨西哥飞人与科梅拉卡托阿兹特舞的起源》（"Les origines du volador et du comelagatoazte"），我在本书"文献"部分第 202—203 页引用了其中一段描述。

的速度旋转。类似的还有海地儿童常玩的"金玉米"游戏：两名儿童面对面、手拉手站立，脚尖相抵，手臂伸直，身体后仰，然后快速旋转，再享受停止旋转后身体摇摇晃晃的感觉。此外，儿童高声尖叫、冲坡、滑滑梯、坐转得足够快的木马、把秋千高高荡起等，都会产生类似效果。

能产生眩晕感的身体活动还有很多，如走钢丝、弹向高空或突然降落、快速旋转、滑行、加速直线或回旋运动等。精神层面同样也能产生眩晕，使个体进入激亢状态，释放日常被压抑的破坏欲。这解释了一些原始而粗野的宣泄方式。在儿童身上尤其表现在玩蒙面击掌猜人游戏、飞翔的鸽子[1]、跳山羊等游戏时，大家突然乱成一团、兴奋不已。在成人世界，最明显的例证是人们沉溺于一种莫名其妙的兴奋感，比如用木棍将草地上那些稍高的花丛击倒，把一大堆积雪从屋顶推落，又或是热衷于游艺会上发出巨大声响的砸盘子游戏。

为了概括各种可以引起身体或心理混乱的游戏，我将其命名为"眩晕类游戏"。在希腊语中，"ilinx"一词表示"水的漩涡"。希腊语"ilingos"（眩晕）一词也正是由此而来。

这类游戏也并非人类专属。某些哺乳类动物（以山羊为例）的回旋病（尽管这是一种病理表现）就很有代表性。此外，还有很多明显具有游戏特征的动物行为：狗原地打转，试图

---

[1] pigeon vole，法国儿童常玩的一种游戏。游戏一方首先报出一个名词，再报一个"飞"字；游戏另一方听到指令后根据名词做出判断，如果这个名词所指代的事物能飞，就得快速竖起一根手指。——译者注

抓住自己的尾巴，直到跌倒在地，或是疯狂奔跑，直到筋疲力尽；羚羊、瞪羚和野马也会经常表现出恐慌状态，实际上周围没有任何危险，它们无非是受到同伴行为的感染，并热衷于此罢了[1]；水鼠会以原地打转的方式玩耍，如同受到水流冲击一般；岩羚羊的表现更为明显：据卡尔·格鲁斯描述，它们会爬上积雪覆盖的险峻陡坡，然后一只接一只地从坡上滑落，其他同伴则在一旁观看。

长臂猿会选择一根柔韧的树枝，用自己的体重将其压弯，再任树枝把它弹向空中。然后，它会攀住另一根树枝再来一次。它的行为毫无意义，唯一的解释就是：这是一种能给它带来欢乐的游戏。但是，眩晕类游戏的最佳拥趸非鸟类莫属。它们如石头般从高处坠落，仅在即将触地、恐将粉身碎骨之时，才重新展开双翅。随后，它们再次飞向高处，如此往复。在求偶之季，雄鸟常常凭这种"壮举"吸引雌鸟。奥杜邦[2]笔下的美洲夜鹰就是玩这种高超杂技的老手。[3]

在人类世界，除了童年时代的人体陀螺游戏、金玉米游戏、滑行游戏、旋转木马和秋千游戏，还有各种制造眩晕感的媒介和舞蹈，上至登入大雅之堂、实则暗流涌动的华尔兹舞会，下至狂热、紧张、痉挛的行为动作，不一而足。滑雪、摩托车、敞篷车等极速运动，追求的同样是眩晕带来的快乐。

---

1 卡尔·格鲁斯，同前，第208页。
2 John James Audubon，法裔美国画家、博物学家、鸟类学家。——译者注
3 卡尔·格鲁斯，同前，第111、116、265—266页。

为了针对成年人身体特点而增加眩晕强度，人们发明了许多高超的机器。因此，眩晕类游戏直到工业时代才真正自成一类，也就不足为奇了。游艺会和游乐场上各式令人难以抗拒的游乐设施，都是为了满足对眩晕类游戏的广泛需求而设立的。

如果这些设施仅仅是为了干扰控制人体平衡的内耳，那它们的功效显然已经大大超过预期。不光是内耳，整个身体都会遭受这些令人望而却步的机器的"优待"。要不是看到别人都争先恐后地去"遭罪"，恐怕没人敢登上这些机器。这一点，只需看看这些游乐设施出口处的情形便可获知。有多少人是胃里翻江倒海、面色苍白、踉踉跄跄地从游乐设施上下来。在玩游戏的过程中，他们发出鬼哭狼嚎般的叫喊，紧张到忘记呼吸，仿佛每一个内脏器官都因惊恐而缩成一团，让人恨不得立刻逃离这场可怕的折磨。可是，一旦游戏结束，大部分人还来不及平复身心，就已经匆忙跑向售票窗口，准备为下一场"折磨"买单，以期从中获得快感。

之所以说是"快感"，是因为我们很难把这种活动带来的感觉称为"消遣"。它更像一种痉挛而非休闲。此外，值得注意的是，这些游戏带给人体的刺激感是如此强烈，以至于游乐设施经营者会采取"免费体验"手段，努力吸引那些不设防的玩家。商家假装说"这次就免费吧"，实际上一贯都是如此。相反，出钱的是那些高坐在看台上，静观自愿或意外成为"受害者"的人经受折磨的观众。

我们不能轻易对这样一种奇怪而又残酷的角色划分下定论，因为这毕竟不是某一类游戏的独有特性，在拳击、自由摔跤和古罗马角斗中都存在类似的角色划分。关键问题仍是，此类游戏追求"眩晕"一词所定义的不安与混乱，也依旧具备游戏的基本特征：接受或拒绝考验的自由、严格而固定的界限、与现实其他部分隔绝开来。至于可供观赏这一特性，不会削弱而只会强化其游戏本质。

（二）从混乱到规则

游戏一旦成为制度化的存在，就必定离不开规则。规则成为游戏的本质之一，使游戏变成一种具有孕育力和决定性的文化工具。但在游戏源起之时，仍有一种原始的自由，一种对闲适、消遣和幻想的渴求。这种自由是游戏不可或缺的原动力，哪怕游戏形式再复杂、组织再严密，仍是以这种自由为源头。即兴与欢乐同样也是游戏强大的原动力，我称之为戏耍。它与无产出的挑战，也就是我所说的技游两相结合，催生了众多具有文明教化功效的不同游戏。实际上，游戏体现了某种文化的道德与认知规范，使其具体化并发扬光大。

我之所以选择"戏耍"（paidia）一词，是因为它的词根恰恰也是"儿童"（pais）一词。另外，我不想借用太过生僻的词语，以免败坏读者的阅读兴致。要说的话，梵文中的"kredati"一词，以及中文中的"玩"一词，或许更有代表性。这两个词都具有多重含义，但词义太过宽泛也是它们的缺点，因此容易引起混淆。梵文"kredati"一词涵盖成人游戏、儿童游戏及动物游戏。它尤其用于表达"欢蹦乱跳"之意，指过剩的欢愉与活力所带来的突然而肆意的行动。此外，它还指非法的情爱关系、潮起潮落、随风起伏。中文"玩"指向更加明显，可用于指代或区分技巧游戏、竞争游戏、模仿游戏和机运游戏。当然，它还有很多其他含义，稍后我将详细说明。

分析完语义上的关联与区别，我们该如何定义戏要的概念及范畴呢？我个人偏向于将它定义为一切游戏本能的自发表现。小猫玩毛线球、小狗抖动身体、宝宝被拨浪鼓逗笑，都是此类活动最直观的例证。戏要渗透于一切充盈着欢乐的激情之中，表现为顿发、无序的躁动，恣意、轻松的欢愉，并且显然是不加抑制的。无准备性和无规则性是它存在的主要甚至唯一理由。从翻筋斗到乱涂乱画，从争吵到闹腾，无疑都清晰体现了这种对动作、色彩以及声响的急切渴望。

追求躁动与喧闹的基本需求，首先表现为触摸、抓取、品尝、嗅闻一切，以及把所有能够得着的东西全都往地上扔的冲动。这种冲动自然而然地转化为破坏欲。例如，拿剪刀不停剪纸，把织物撕得粉碎，把堆好的物品推倒，横穿一列纵队，扰乱别人正在进行的游戏或工作，等等。随之而来的是欺哄与挑战的欲望。儿童朝别人吐舌头、做鬼脸，故意触碰或摔打那些他们被禁止触碰的东西，这些都是儿童强调自我、探寻主导权并试图引起他人注意的方式。卡尔·格鲁斯在动物身上发现了类似行为：一只猴子与一条狗共处一室，每当狗表现出即将入睡的样子时，猴子便会去扯狗的尾巴。

破坏与摧毁行为所带来的原始快乐，在一只卷尾猴身上表现得尤为明显。罗曼尼斯（G. J. Romanes）的妹妹对此有细节翔实、富有启发的观察记录。[1]

但儿童并不满足于此。他们喜欢拿自身的痛苦作乐，比如用舌头去舔一颗坏牙。他们喜欢别人来吓唬自己，让身体经受一定的痛苦和折磨——当然，这种痛苦必须是由他们主导、有限度、受控制的；或是寻求精神上的紧张状态——当然也是由儿童自身引发、他们能随时喊停的。在这些事例中，游戏的一些基本特征已然显现：自愿行动、协商一致、具有独立性和可控性。

很快，儿童就会产生制定规则的欲望，并执拗地加以贯彻实行，不论其代价如何。儿童会以各种方式与自己或小伙伴较量。正如我们之前所谈到的，儿童故意跛着脚走、倒退着走、闭着眼睛走；比试谁能更持久地盯着太阳看、忍受痛苦，或保持某种让人难受的姿势——这些比试行为，实际上就是竞争类游戏的雏形。

最初的戏耍没有，也不可能有游戏名。因为它们尚不具备稳定性和独特标志，也并非完全独立存在，人们无法用专有名词来界定它们的自有范畴。随着协约、技术、工具的出现及运用，出现了有明显特征的游戏，如跳山羊、躲猫猫、风筝、

---

[1] 见卡尔·格鲁斯引用的观察记录，同前，第 88—89 页。收录于本书"文献"部分第 203—204 页。

陀螺、滑冰、捉迷藏、玩布娃娃等。这时，游戏出现分化（竞争类游戏、机运类游戏、模仿类游戏和眩晕类游戏），产生破解难题的乐趣。由于游戏中的难题是人为和任意设置的，所以坚持到底、破解难题所带来的唯一好处是游戏者内心的满足。

这时，游戏向技游偏移。除了那些完全倚赖命运判决的游戏，技游融入不同类型的游戏中。技游是对戏耍的补充与驯化，使其变得规范、丰富。技游为游戏者提供了锻炼契机，使游戏者通过操作某种工具或是破解纯协约性的难题，获取某项技能或专长。

技游与竞争类游戏的不同点在于：在技游中，游戏者全心投入、施展才华，并非纯粹是好胜心或竞争欲使然。游戏者的目标是克服困难、解决难题，而不是打败一个或多个对手。以体现手指灵活性的游戏为例（如比尔博凯[1]、空竹、悠悠球等），这些简单的游戏器材利用了基本的自然法则：玩悠悠球时要利用引力和回旋力，使上下运动转化为持续的圆周运动；放风筝时要利用某种特定的大气条件，放风筝的人就像在远距离给天空"听诊"，将自身的存在感和影响力投射到身体以外的地方；捉迷藏使游戏者在无法使用视觉的情况下，提升其他感官的灵敏度[2]……技游的开展方式无穷无尽。

---

1 bilboquet，一种法国的游戏，把用长绳系在小棒上的小球向上抛去，然后用小棒的顶部接住，可能是日本剑玉的前身。——译者注
2 康德曾提及这一观点，详见于尔约·希恩（Y. Hirn），《儿童的游戏》(*Les Jeux d'enfants*)，法语版，巴黎，1926年，第63页。

孔明棋[1]以及九连环等则属于技游中的另一类游戏。这些游戏需要持续的推理与组合能力。除此以外，诸如填字游戏、数学游戏、易位构词游戏、全韵诗[2]、各类字谜、阅读侦探小说并积极思考（例如尝试判断凶手是谁）、破解象棋或桥牌难题等，都无须借助工具，是范围最广泛、形式最纯粹的技游类型。

如我们经常见到的那样，游戏开局仿佛千篇一律、周而复始，但游戏过程从不相同。这能激发游戏者的进取心，乐于看到自己不断进步并由此感到满足与自豪，尤其是在那些与他兴趣相投的人面前。技游与竞争类游戏因此而紧密关联。再者，诸如象棋或桥牌难题等，说明同一种游戏既可以是竞争类游戏，也可以以技游形式出现。

技游与机运类游戏的组合也很常见，尤其是在各类纸牌接龙和投币机游戏中。在纸牌接龙中，手动操作技巧尽管作用甚微，依然能影响游戏结果。在投币机游戏中，游戏者仍有微弱的主动权，可以通过控制施加给弹珠的推力来影响弹珠的路径，以求命中目标得分。尽管如此，在这两种游戏中，起基础作用的仍是机运因素。只不过，游戏者并非完全束手无策，他知道自己可以发挥才能技巧，哪怕只是在很小的范

---

[1] solitaire，也称单身贵族或独立钻石棋，不断跳过相邻棋子到空位上，并把跳过的棋子吃掉，使得最后只剩下一颗棋子。——译者注
[2] vers olorimes，一般由双行诗句构成，其中一行的所有音节与另一行的所有音节押韵。——译者注

围内。这一事实足以让技游和机运类游戏的特性相结合。[1]

同样，技游也可以与模仿类游戏相结合。建构游戏（也是幻想游戏）即是例证，例如多贡儿童用稻草编织动物，用麦卡诺（meccano）拼装玩具中的滑轮和带孔钢片组装吊车和汽车模型，成年人精心制作微型轮船或飞机，等等。技游与模仿类游戏最本质的结合要数舞台表演：它对模仿加以规范，使其升华为一种艺术，包罗各种规则，追求精湛技艺，展露卓越才华。游戏的文化贡献在这种融会贯通中充分体现。

相反，正如戏耍与机运类游戏不可能产生关联，技游与眩晕类游戏也无法结合。戏耍是喧闹、奔放的，而机运类游戏是于无声颤抖中被动接受命运的裁决。技游需要谋划与组合，而眩晕类游戏只是纯粹的失控。在眩晕类游戏中，所谓"克服困难"，无非是努力战胜眩晕感，不至于惊慌失措而已，游戏者由此学会自制，保持冷静或平衡。由此可见，技游远不能与眩晕类游戏相结合，只是在诸如登山和高空杂技等活动中使游戏者产生对抗危险的自制力罢了。

*

单就其本身而言，技游是不完整的，纯属驱逐空虚的权宜之计。很多人只在没有更好的选择时才会开展技游，一旦

---

[1] 关于投币游戏机在现代社会的惊人发展及其引起的热捧甚至痴迷行为，见本书"文献"部分第 204 页。

有了可以互动的玩伴，便会立刻结束这种得不到回应的独乐状态。不过，在技巧游戏或组合游戏中（如纸牌接龙、拼图、填字游戏等），哪怕游戏者不需要甚至抗拒他人干预，技游仍能使游戏者产生精进的欲望，比如在新一轮游戏中完成上一轮未能完成的任务，或取得比上一轮更高的得分。此时，竞争对技游的影响再次彰显，为游戏闯关之乐增添了几许亮色。技游可以单人完成，不引发任何竞争，也可以随时转化为一场设奖或不设奖的比赛。各大报刊都热衷于抓住一切机会将一人游戏转变为多人竞争。投币游戏机之所以出现在咖啡馆也绝非偶然，因为这样游戏机周围就不会缺乏围观助兴者。

正因为如此，技游有一个固有特征——对潮流的极度依赖。在我看来，这也是竞争之所以能对技游产生持续影响的原因。仿佛有一股无形的力量，神乎其神地让悠悠球、比尔博凯、空竹、九连环等游戏或盛极一时，或销声匿迹。它们因群体痴迷而流行，但很快又被其他流行之物取代，不留任何痕迹。智力型消遣活动如画谜[1]、易位构词游戏、藏头诗、组合字谜游戏[2]等，同样也有流行时限。当下盛行的填字游戏和侦探小说很有可能会经受同样的命运。造成这一现象的原因在于，技游并非真像它看起来的那样

---

1 rébus，一种用图画、符号、字母组合来表示单词或句子的猜谜游戏。——译者注
2 charade，游戏者陆续猜出几个谜语的谜底，再将这些谜底的各个音节相组合，得到最终的谜底。——译者注

单纯是个人消遣。事实上，技游始终沉浸在一种竞赛氛围中。只有当痴迷者用热忱将它变成一种虚拟的竞争性游戏时，技游才得以维系。一旦热忱消失，技游将无法继续。有序竞争并非技游的必要条件；技游也无法成为一场能吸引大批观众的演出。它的形式广泛而不定，离群索居的迷徒很可能以此为执念，进而完全沉迷于技游中，与他人的关系越发疏远。

　　工业文明催生了一种特殊形式的技游，人们称之为"嗜好"（hobby）。这是一种次要的、无产出的、以追求快乐为目的的活动，包括收藏行为、艺术消遣、手工制作或小发明等。这些活动首先表现为一种补偿机制，用于弥补被自动化、零散化的流水生产线所破坏的个性。我们可以看到，嗜好让"工人"重新做回"手艺人"，自发地组装微小却完整的机器模型。自打这些机器问世以来，工人就不得不以一套简单重复的动作配合机器运转，无法启用个人才学或技巧。嗜好显然是一种对现实的反转，富有积极的启发意义。它反映了游戏本能的最大功效之一。毫无疑问，技术文明有助于技游的发展，哪怕技游所要对抗的恰恰是技术文明最令人生厌的部分。嗜好承载了促进技术文明发展的珍贵品质与优点。

　　总之，技游对人类嬉戏玩耍的原始欲望予以专断性的规范并不断推陈出新。它开创了多重契机与架构，能同时满足人类的休闲需求和一种无法摆脱的渴望——运用学识、精力、技艺、智慧与自控力，对抗磨难、劳累、惊慌或眩晕感。

因此，技游是游戏中最具文化影响力和孕育力的元素。技游在心理层面的构建不如竞争类游戏、机运类游戏、模仿类游戏或眩晕类游戏那么明显，却通过对戏耍的规范，无一例外地使这几种基本游戏类型更趋纯粹、完善。

*

技游不是戏耍的唯一变体。智慧而审慎的中华文明独辟蹊径，为戏耍写就了不同的命运。在中华文明看来，盲目求进与钻营，不过是一厢情愿，没有实际效能。在这一背景下，中华文明自然会引导戏耍中喧闹、过剩的精力，向着更符合其最高文明价值的方向发展。回到我之前提及的汉字"玩"：据说，从词源上看，"玩"表示不断抚摸一块美玉，使之更加光滑，人们通过抚摸美玉这个动作，感受玉的圆润，或是伴随沉思与遐想。这一词源昭示了戏耍的另一种命运。戏耍初始定义之中的自由与躁动，此时发生转变，并非朝向创举、谋划、挑战的一面，而是朝向平静、耐心、沉思的一面。"玩"主要是指在半无意识状态下放松精神、徜徉思绪的活动，同时也指某些与技游类似的复杂游戏，还指随性的遐想、慢节奏的默观。

中文用"热闹"一词表示骚动、噪声。它的字面意思包含"火热"和"无序"双重含义。"玩"字与"闹"字结合，指欢快、无拘的行为。如果是与"装"（有"假装"之意）合用，即为"装……玩"。由此可见，"玩"与"戏耍"的各种表现形式不谋而合。而单独使用的话,"玩"不指向任何特定的游戏类型:既不单指竞争或骰子游戏,也不单指戏剧表演。"玩"字不代表我所说的"制度化游戏"的任何类型。

中文用专门的词语来指代这些制度化游戏类型。汉字"戏"对应化装或模仿类游戏,涵盖戏剧和舞台艺术领域。"耍"指技巧游戏,也指开玩笑的拌嘴、说俏皮话、剑术以及在有一定操作难度的艺术领域施展高超技能等[1]。"斗"指纯粹意义上的争斗,比如斗鸡、搏斗,也指某些纸牌游戏[2]。"赌"指机运游戏、风险、打赌、神判[3],而不用于儿童游戏。它还用于指代冒渎,因为碰运气被视作违抗命运的亵渎性赌约。[4]

中文"玩"字的广泛含义非常值得研究。首先,它包含了儿童游戏,以及各种欢快而肤浅的消遣,与"嬉闹""嬉戏""打趣"等动词类似。"玩"还指轻浮、不正当或反常的性关系。除此之外,"玩"还被用来指那些需要投入思考、不能操之过急的游戏,如象棋、围棋、拼版、九连环[5]等。它还指品尝美酒佳肴,收集艺术品,鉴赏、把玩甚至制作小摆件——

---

1 如"耍嘴皮子""耍剑""耍笔杆子"。——译者注
2 如"斗地主"。——译者注
3 指依据神意来判断事实真伪的审判方法。在古代中国,神判的方式包括捞沸判、铁火判、起誓判、占卜判等。——译者注
4 汉字"游"还指闲逛、空间游戏(例如风筝),以及灵魂游走、萨满的神秘漫游、鬼魂或死灵的游荡。
5 与西方的九连环游戏类似:九个圆环两两相套,组成一条链子;一根金属杆从圆环中穿过,与手柄相连。游戏者要将九个圆环一一解出。通过练习,我们可以不费心思地完成这个游戏,但游戏操作过程复杂、漫长,要求动作精准,稍有差池就得从头来过。

这类似于西方所说的"嗜好",也就是收藏和手工制作的癖好。最后,"玩"还指欣赏静谧柔美的月光,泛舟于清清湖水之上,或是对瀑布长时间的凝望。[1]

*

"玩"字的示例无疑传递出这样一种信息:文化的命运可以从游戏中解读。在竞争类游戏、机运类游戏、模仿类游戏、眩晕类游戏四个基本游戏类型中,人们更偏向于哪一类游戏,是决定其文化前途命运的因素之一。将戏要所代表的富余能量导向创造或是沉思,是一项看似波澜不惊、实则影响深远的抉择。

---

[1] 根据戴闻达(Duyvendak)提供给赫伊津哈的信息(见《游戏的人》,法语版,第64页),周麟博士的文章,安德烈·铎尔孟(André d'Hormon)先生提供的宝贵说明,以及翟理斯(Herbert A. Giles)所编《华英字典》,第2版(伦敦,1912年),第510—511页(戏)、1250页(要)、1413页(斗)、1452页(玩)、1487—1488页(赌)、1662—1663页(游)。

表 1　游戏的分类

	竞争类游戏	机运类游戏	模仿类游戏	眩晕类游戏
戏耍 ↑ 噪声 躁动 狂笑	追逐 打斗 …… 田径　}没有规则	用于指定游戏角色的儿歌 猜正反面	儿童模仿行为 幻想游戏 布娃娃、成套玩具 面具 化装	孩童的转圈圈 旋转木马 秋千 华尔兹
风筝 孔明棋 纸牌接龙 填字游戏 ↓ 技游	拳击 击剑 足球 台球 跳棋 象棋 通常意义上的体育竞赛	赌博 轮盘 普通型彩票 组合型彩票 或移注彩票	戏剧 通常意义上的舞台艺术	墨西哥飞人 游艺会上的游戏 滑雪 登山 高空杂技

注意：在每一个纵列，游戏以同样的规律排序：戏耍成分逐渐减少，技游成分逐渐增加。

第三章

游戏的社会功能

游戏不仅仅是个人的消遣行为。个人消遣类游戏在游戏中的占比比我们想象的也许少很多。诚然,许多游戏(尤其是技巧游戏)以个体为单位开展,体现个人技巧,但这些技巧游戏很快就会演变为以技巧比拼为主题的竞争类游戏。不难想见,如果单单一人操控游戏器材(如风筝、陀螺、悠悠球、空竹、比尔博凯或者铁环)而没有(哪怕是潜在的)竞争者或观众,游戏很快就会变得索然无味。这些不同的游戏都包含竞争元素,游戏者都想克服难题,实现前所未有的创举,写就关于耐力、速度、精准度、高度等的新纪录,令对手折服(哪怕对手不可见甚至缺位)。总而言之,游戏者渴望完成别人难以企及的壮举并由此获得荣光。通常,在一群玩比尔博凯的人中独自玩陀螺,或是在一群滚铁环的人中独自放风筝,都很难玩得开心。不管是出于惯例还是为了便利,同一种游戏的爱好者们常常会聚集在同一个地方,彼此展开较量。

这常常是他们从游戏中取乐的基础条件。

这种竞争趋向很快便不满足于隐性、自发的形式，终将产生明确的规则，并以协约形式为大众所接受。严格意义上的风筝竞赛就是这样在瑞士诞生的：谁的风筝飞得最高，谁就是胜出者。在东方，风筝竞赛被赋予了显著的决斗色彩：风筝的细绳上包裹了一层树脂，树脂里嵌有锋利的玻璃碎片。放风筝的人可以通过高超的技巧，在风筝交会时割断对手的风筝线。如此激烈的竞赛，都源自并不以决斗为初衷的消遣。

爱斯基摩人[1]玩的比尔博凯，同样诠释了游戏从追求个人消遣演化为以竞争或表演为乐的过程。爱斯基摩人的比尔博凯外形像一头熊（也有的像一条鱼），上面有若干孔洞。游戏者必须按固定的顺序，将短棒依次穿过各个孔洞。然后，游戏者不再是手持短棒，而是依次用食指钩住、手肘夹住、牙齿咬住短棒的方式，重复这套动作，短棒所勾画的轨迹也越来越复杂。如果失手，游戏者就得把比尔博凯让给对手，对手遵循同样的顺序奋力赶超。在抛接比尔博凯的同时，游戏者还得述说一场冒险或描述一种行为（如旅行、狩猎、战争），或是细数切割猎物的步骤（切割猎物的工作由女人负责）。每穿过一个孔洞，游戏者就会用炫耀的口吻说：

她再次举刀，

---

1 因纽特人的旧称，现渐趋弃用。——译者注

> 剖开海豹,
> 扒掉它的皮,
> 去掉它的肚肠,
> 打开它的胸膛,
> 去掉它的腑脏,
> 去掉它的肋骨,
> 去掉它的脊椎,
> 去掉它的骨盆,
> 去掉它的后肢,
> 去掉它的头首,
> 去掉它的脂肪,
> 把海豹皮折叠,
> 浸泡在尿液里,
> 再放到太阳下晒干……

有时,游戏者还会向对手挑衅,想象自己正在朝对手下手:

> 在你头上敲一下,
> 你就完蛋了,
> 砍下你的头颅,
> 切掉一只手,
> 然后再切另一只,
> 切掉一条腿,
> 然后再切另一条,

丢去喂狗，

狗吃你的肉……

除了"狗"，还可以说"狐狸""乌鸦""螃蟹"，但凡想得到的都可以。对手在发起反攻之前，必须首先按照相反的顺序，把自己被"肢解"的身体部位复原。围观者在一旁看得津津有味，不时热烈回应这场想象中的对决。

技巧游戏显然已经成为一种文化现象，是爱斯基摩人在北极的漫长寒夜中彼此融合、共同娱乐的手段。这个事例虽然独特，却反映了一个普遍事实：那些本质和流程上最个体化的游戏，也完全可以发生延伸转变，甚至将这些改变制度化。如果单纯局限于个体活动，游戏总像是少了点什么。

只有在激起共鸣时，游戏才是完整的。尽管游戏者完全可以各玩各的，互不相干，游戏也很快就会变为竞争或表演的契机，正如上文所提及的风筝比赛、比尔博凯游戏。实际上，大部分游戏都是以提问与回答、挑战与反击、鼓动与感染的方式出现，伴随着集体亢奋或紧张。游戏渴望关注与共情，这一点几乎在任何一种游戏类型中都不例外。就连机运类游戏，也是在众人中进行（有时甚至是在汹涌的人潮中）才更有魅力。游戏者完全可以舒舒服服地待在家中或私人沙龙通过电话投注。他们偏不这样做，更愿意去人头攒动、你推我搡的赛马场或赌场。在陌生人的群情激昂之下，他们的愉悦与兴奋程度成倍攀升。

同样，如果一个人坐在空荡荡的剧场里，哪怕是在电影院（没有演员要面对这份空虚），那滋味也很别扭。显然，人是为了别人才会佩戴面具、乔装打扮。眩晕类游戏也是如此：无论是玩秋千、旋转木马还是滑滑梯，都需要集体亢奋与狂热，游戏所带来的陶醉感才会进一步得到强化。

因此，无论是竞争类游戏（狭义上的）、机运类游戏、模仿类游戏还是眩晕类游戏，所追求的都不是孤独，而是陪伴。尽管如此，在大多数情况下，游戏所涉及的圈子必然是有限的。大家只能在遵循个人意志和游戏规则的前提下轮流参与。要使每个人都能有效参与其中，游戏者的数量就不可能无限增加。每一局游戏都只能容纳数量有限、彼此联合或不联合的游戏者。游戏，自然而然成了一小队发起者或爱好者（aficionados）的事情。他们与众人拉开距离，在一段特定的时间内全身心投入到喜爱的娱乐活动当中。但是，众多围观者会促发模仿类游戏，正如群情激昂能鼓动眩晕类游戏，又从中发酵升级。

在特定情况下，哪怕是本质上只能在少数游戏者之间开展的游戏，也会突破人数的天花板。它们依然作为游戏而存在，同时具备成熟的组织、复杂的工具、专业性强且有等级划分的游戏群体。游戏促生了持久化、精细化的架构，形成正式的、私密的、边缘化甚至非法的团体，其状态稳固而持久。

游戏的每一种基本类型都具有社会化的一面，凭借其广泛性和稳定性，在集体生活中占据一席之地。就竞争类游戏而言，社会化形式主要表现为体育赛事，以及各种同时掺杂了才干与运气成分的非纯粹竞争，例如广播电台游戏、与商业广告有关的比赛。就机运类游戏而言,其社会化的一面体现在赌场、赛马场、国家彩票以及强大的采用同注分彩法[1]的博彩公司所运营的各类游戏当中。至于模仿类游戏,则体现为木偶剧、布偶剧、歌剧等表演艺术,以及狂欢节、化装舞会这一类更暧昧、实则接近眩晕类游戏的形式。对眩晕类游戏而言,社会化的一面表现为嘉年华、年度节庆或狂欢。

游戏是如何通过这些表现形式直接渗透到日常风俗当中的?关于这个问题,我们将专门用一个章节来研讨。游戏的社会化表现形式为不同文化赋予了辨识度极高的功能与机制。

---

[1] pari mutuel,源于法国的一种投注原则,将所有赌注都汇集到一个共同的彩池中,扣除税项、手续费等相关费用后,由赢家按投注比例分配余额。——译者注

第四章

游戏的变质

用于定义游戏的各项特征包括：一、自由性，二、抽离性，三、不确定性，四、非生产性，五、规则性，六、虚拟性。最后两项特征互相排斥。

这六项纯形式上的特点无法体现主导不同游戏的心理指征，但至少已明确地将游戏世界与现实世界区隔开来，强调游戏本质上是一种自成一体的（à part）活动。这也预示着所有与日常生活的勾连都将使游戏本质走向变质甚至毁灭。

在游戏的理想规则与日常生活隐晦复杂的规则之间，有一条严格的分界线。假设这条分界线变得模糊，游戏会发生何种变化？游戏显然不可能原封不动地蔓延到特定场所（象棋盘、跳棋盘、竞技场、赛道、体育场或舞台等）与特定时间（游戏一旦结束，就是以一种不容分说的方式宣布：此事已毕）之外，它必然会发生某种形式的转变，有时这种转变甚至颇出乎意料。

第四章 游戏的变质

游戏爱好者只有事先就规则达成共识，才会共同参与到这种与现实隔离、完全是协约性质的活动中来。他们所认定的规则，就是在游戏过程中约束全体游戏者的唯一法典，具有强制性。如果这些协约不再被接受或不再被原样接受，如果游戏的独立性被破坏，那么，游戏将失去原有的形式与自由，唯一不变的是在游戏中发挥统领作用，驱使人们接受某一个或某一类游戏的强大的心理因素。如前所述，在四种游戏基本类型中，存在四种不同的心理因素：凭借个人才干在有规则的竞技类游戏中胜出（竞争类游戏）；被动紧张等待命运的裁决（机运类游戏）；热衷于扮演另一种身份（模仿类游戏）；对眩晕的追求（眩晕类游戏）。在竞争类游戏中，游戏者只能依靠自己，不断拼搏；在机运类游戏中，游戏者可以求助于一切，唯独不能指望自己；在模仿类游戏中，游戏者想象自己是他人而非自身，从而创造出一个虚构的世界；在眩晕类游戏中，游戏者满足于暂时打破身体的稳定平衡，逃离感官的统辖，引发意识的错乱。

如果游戏是为这些强大的本能冲动提供一种形式上的、理想的、有限的、区别于现实生活的满足，那么，假设协约都被废止，假设游戏世界不再密闭，而是与现实世界发生勾连，游戏中的每个举措都会带来不可避免的现实结果，那会是怎样一种情形？如果失去约束与保护，各个类型的游戏都会发生其特有的退化。本能冲动将再次成为绝对主导。游戏作为一种抽离于现实、受到保护、去后果化的活动，原本是利用并化解了本能冲动，现在这种本能冲动却突破游戏范畴，扩散到现实生活中，使现实生活屈从于本能冲动的要求。这样一来，原本的快乐就变成了执念，原本的消遣变成了羁绊，原本的散心方式变成了困扰与不安的来源。

游戏的原则遭到破坏。值得注意的是，这并非因为违规者或职业型选手的存在，仅仅是因为游戏与现实发生了勾连。说到底，不是游戏在退化，而是主导游戏的原始冲动发生了泛滥或偏移。这种情况并不少见——当一类游戏无法规范并庇护与之相对应的原始冲动时，又或者这一冲动不再囿于游戏的"圈套"时，这种情况就会发生。

游戏中的违规者并未破坏游戏世界。他逃避游戏规则，但至少会装出遵守规则的样子；他欺瞒哄骗、伪善不忠、违反协约，但依然会保持承认并维护协约合理性的姿态，因为他需要其他游戏者遵守协约。违规者一旦暴露，就会被逐出游戏，游戏世界本身完好无损。同样，那些以某种游戏活动作为职业的人也丝毫不会改变游戏的性质。虽然他们不是在游戏而是在从业，但竞争或表演的性质不会改变。唯一不同的是，职业运动员或职业演员并非业余爱好者，他们参与竞争或表演是为了获取工资报酬，而不是纯粹为了欢愉。变化仅仅停留在游戏参与者的层面。

对职业拳击手、职业自行车运动员和职业演员而言，他们所从事的竞争或模仿类游戏不再是驱逐疲劳的消遣，不再是摆脱单调费力的工作的途径，而恰恰是工作本身，是谋生手段。他们必须持续而专注地投入其中，不断解决问题、排除障碍。因此，当想要放松时，他们会选择去玩另一种他们不必为此承担责任的游戏。

对演员而言,戏剧表演是一种模仿行为。他们为此而化装、穿戏服、表演、说台词。不过,当帷幕降落、灯光熄灭,他们便重归现实。舞台与现实世界之间的分隔是绝对的。对职业自行车运动员、职业拳击手、职业网球运动员、职业足球运动员而言,他们参与的是有规则的正式比赛。当比赛结束,观众们涌向出口,运动员就得像离开舞台的演员一样,重新回归现实,面对日常琐碎,为维护利益和赢得更舒适的未来而努力。在赛场上,他们在一系列人为设定的条件下通过理想的精准较量展现自身价值;体育场、自行车赛场或者是拳击场之外的竞争更可怕,它们隐晦、无休、不可逃避,渗透在全部生活当中。现实世界有别于游戏的特定空间与时间,不像游戏世界那样受严格、专断、不容争议的游戏规则统领。

*

在竞技场之外,当比赛结束的锣声响起,竞争类游戏名副其实的退化(也是最常见的一种游戏退化)随即开始,这体现在每一场不再受游戏精神约束的对决当中。绝对竞争从来都是一道自然法则,在道德、社会或法律约束体系的漏洞中显露出残酷本性。约束体系与游戏规则一样,构成限制与协约。具有狂热野心之人在行动过程中如若不遵守游戏及公平竞争的规则,就应被视为重大偏离,遭到检举揭发,否则游戏有可能退回到起始阶段。这一点最能体现游戏的文明教化功能：游戏对人的贪婪本性予以限制。普遍认为，一个好的玩家，就是在付出巨大努力却惨遭失败或遭受重大损失时仍能保持淡然超脱，至少是表面上的镇定自若。裁判的判决即使有失公允，原则上也应被接受。竞争类游戏的变质始于对裁判及判决的否认。

在机运类游戏中，如果游戏者不再尊重机运，不将机运视为一种没有情感、没有记忆、纯粹依照分配法则发挥作用的客观中立力量，游戏同样会发生原则性变质。机运类游戏的变质始于迷信。倚赖命运的人总想预测命运的判决，谋求命运的垂青。他们会物色最有效果的护身符，将各种现象、际遇和奇事视作好运或厄运之征，竭力戒备梦境、征兆或预感所警告的任何不幸之事，亲自或请人驱厄祈福。

迷信是一种非常普遍的底层心理，只是在机运类游戏中被放大了而已。受其影响的远不只是那些常常出入赌场、赛马场或是爱买彩票的人。各大日报和周刊往往设有固定的星座专栏，将读者的每一天、每一周解读为天体星辰暗力量作用下的际遇或威胁。最常见的情形是，星座专栏会根据读者的星座，给出某一天中专属于他的幸运数字；读者会据此购买相应的彩票，比如以这个数字结尾的、多次出现这个数字的，或所有数字之和等于该数的彩票，等等。也就是说，基本涵盖了所有可能。[1]最重要的是，通过这种最流行、最简单的方式，

---

[1] 见本书"文献"部分第212页。

第四章 游戏的变质

迷信直接与机运类游戏挂钩,甚至超出机运类游戏范畴。

每个人从起床开始,就进入一个无休止、无产出、不可规避的大型彩票游戏中。未来24小时内成功或失败的大致系数已然命定,包括个人生活规划、公司发展及情感事宜等诸多方向。报刊专栏编辑会特意提醒读者,星座的影响作用于不同领域。这样一来,简单的预言很难完全落空。当然,大部分读者会对这些幼稚的预言报以一笑,但他们依然会阅读星座专栏,甚至会特意翻找星座专栏来读。很多自称有怀疑精神的人,阅读报刊是从星座专栏开始的。那些发行量可观的刊物很少会违背客户需求去除星座专栏,迷信的重要性与影响力可窥一斑。

最迷信的读者绝不满足于报刊上的只言片语。他们会捧读这方面的专著。在巴黎出版的一本关于星座的书,发行量竟高达10万册。信徒们还会经常光顾专业门店,以下几组数据便可以说明问题:每天共有10万巴黎人造访6000名预言者、占卜师或纸牌算命师;据国家统计学院统计,法国每年用于咨询占星师、法师以及其他"魔术师"的支出为340亿法郎。[1]在美国,据1953年的一项调查统计,仅占星行业就有3万个专业机构、20种专刊,有的专刊销量高达50万册,有2000种期刊设有星座专栏,每年仅占星消费总额就高达2亿美金(其他类型的占卜消费不包含在内)。

---

[1] 除特殊说明外,本书中所有数据均为1958年的数据,即本书首次出版当年的数据。

不难发现，机运类游戏和占卜术有众多契合点，最直观的一点是两者都使用同一副纸牌。游戏者用它来碰运气，占卜者用它来预测未来。塔罗牌曾经并依然应用于两种用途。占卜者在占卜过程中融入其他特定操作，只是为了增加可信度；直到占卜术发展后期，通用的纸牌才被赋予质朴的传说、描述性的画面或传统寓意。各个方面显示，风险与迷信之间存在天然的互变关系。

在今天看来，追求好运似乎是对现代生活持久竞争压力的一种补偿。对自身能力不抱希望的人只能转而求助于命运。残酷竞争使怯懦者寄托于外部力量，试图通过识别并利用天赐良机获取无法通过自身才干及努力获取的回报。相比于徒劳苦干，他选择从纸牌或星象中谋求机遇。

于是，迷信成为一种退化，将机运类游戏中"只靠天、不靠己"的原则泛化于现实生活中。模仿类游戏的变质与之类似，发生在模仿行为不再被视为"模仿"之时。这时，在乔装打扮者看来，角色、装饰及面具都是真实的。他不再是扮演另一个人，而就是另一个人，他据此行动，忘记了自己的真实身份。这种深层身份的丢失正是所谓的异化（aliénation），如同一种惩罚，施于那些不知将套用他人身份的兴致限制在游戏以内的人。

游戏具备抵御这种危险的屏障。演员受到舞台空间与表演时间的严格限制。当演出结束时，哪怕是最浮夸的小丑、最投入的演员，也不得不遵循剧场本身结构的限制，离开舞台这方奇幻空间，经由更衣室，最终恢复真实身份。观众的掌声既是称赞与答谢，也是幻境与游戏完结的标志。同样，化装舞会在黎明时分结束，狂欢节也有限定的时间。节会过后，演出服将被送进衣橱或商店，节会参与者将重新回归自我。游戏精准的界限避免了异化发生。异化往往会经历一段隐秘的持续过程，发生在幻境与现实边界不清，主角逐渐赋予自己幻想的双重身份并深受其影响之时。这种虚幻的异化感十分强烈，使人产生与现实不相容的过分诉求。异化后的人（*aliéné*，也就是转变成为的"他者"）绝望挣扎，企图否认、抑制或摧毁这一充满挑衅、难以调和的强大假象。

对竞争类游戏、机运类游戏或是模仿类游戏而言，在任何情况下，游戏强度都不会是引发有害偏离的原因。真实原因是游戏与现实生活之间的勾连。当驱动游戏的本能冲破了游戏的时空界限，摆脱了先决的、高于一切的游戏规则时，有害偏离就会发生。人们可以无比投入地参与游戏，也可以在游戏中大肆挥霍甚至赌上身家性命，但必须止步于游戏事先设定的界限，在游戏结束后回归寻常。具有解放性又抽离于现实的游戏规则在寻常世界中失去效用。

竞争是现实生活的法则之一，机运与现实生活并不抵触，模仿是现实生活的组成部分（诸如骗子、间谍和逃亡者之流）。相反，眩晕在现实生活中受到防范。在个别职业中，从业者的特殊技能就在于驾驭眩晕感，这些职业往往伴有死亡风险。在游艺会现场，针对那些以制造眩晕感为目的的机器设备，人们会采取缜密的安全措施，以防事故发生。尽管这些机器从设计到安装都以安全为重并接受了严格的常规检查,但安全事故仍不可完全避免。使机体进入不可抗拒的生理眩晕与极限状态,是一件有难度、有风险的事。在封闭且受保护的游戏空间内,人们尚可以借助回旋、加速、降落、推动设备来制造眩晕感;而在现实生活中,必然要采取其他手段,才能达到意识脱轨与感官混乱的状态。

制造眩晕感的游戏设备昂贵、复杂、庞大,基本只存在于大城市的游乐场或周期性的节庆场所。仅从氛围上看,它无疑属于游戏世界。它所制造的晃动也完全符合游戏性质:短暂、间歇、经过计算,如同分段展开的棋局或比赛;独立于现实世界,效力仅限于游戏时长内;机器停止运转,晃动随即结束,除了短暂的昏晕,游戏者很快就会恢复常态,不留下任何影响。

要在日常生活中制造眩晕状态,必须从即时的物理效应转向混杂的化学效应。人们借助毒品或酒精获得刺激,正如在游戏世界中借助游乐设施粗暴突兀的运作获得快感。但是,毒品和酒精所带来的混乱不再区别或脱离于日常现实,而是在日常现实中发生并持续。醉酒、飘飘欲仙之类的生理眩晕同样可以在一定时间内打破视觉稳定性和肢体协调性,使人摆脱回忆的羁绊、责任的重担和现实的压迫,不同的是,它们不像机器设备一般可以随时叫停,而是以一种缓慢而持久的方式对机体产生破坏作用。另外,这种持续的诉求还会带来折磨人的不安情绪,使人走向游戏的对立面——游戏是偶发的、无关紧要的,而通过酗酒或吸毒追求眩晕感,则会对现实生活产生持续、泛滥、有害的影响。它使人上瘾，并不断抬高获得满足感的门槛。

在这一点上，昆虫的行为极具启示意义。事实证明，昆虫也是眩晕类游戏的爱好者：围绕火苗翩翩起舞的飞蛾；有旋转癖好的黄足豉虫，再小的水潭也能被它们变成一片闪着亮光的"游乐场"……昆虫，尤其是社会性昆虫，同样会经历"眩晕的变质"，陷入沉迷，且往往是会产生灾难性后果的沉迷。

例如，分布范围最广的蚂蚁——血红林蚁（*formica sanguinea*），喜欢贪婪舔舐一种隐翅虫（*lochemusa strumosa*）腹部腺体所分泌的液体。这种分泌液中含有脂肪醚，散发芬芳气息。血红林蚁将隐翅虫的幼虫搬进蚁穴，精心喂养，为此不惜忽视自己的幼虫。隐翅虫的幼虫很快就会吞噬整窝蚁卵；血红林蚁的蚁后也因得不到照料，只能产下孵化不出蚂蚁的伪卵，蚁穴逐渐走向衰败与毁灭。丝光褐林蚁（*formica fusca*）在寻常状态下会消灭隐翅虫；但如果它被血红林蚁俘虏，就会放过隐翅虫。同样出于对芳香油脂的爱好，丝光褐林蚁会在蚁穴里喂养凹缘隐翅虫（*atemeles emarginatus*），同样经受"引狼入室"的厄运。但是，如果丝光褐林蚁成为红褐林蚁（*formica rufa*）的俘虏，就会消灭凹缘隐翅虫，因为红褐林蚁讨厌凹缘隐翅虫。由此可见，对芳香油脂的爱好并非不可扭转的本能，而是一种不良习性，在某些情境下（尤其是在受奴役的状态下）可以得到遏制。奴役关系时而激发、时而抑制这种不良习性，是"奴隶"受"主人"生活习性影响的缘故。[1]

这种自愿中毒的案例并非特例。昆士兰的虹臭蚁（*iridomyrmex sanguineus*）专寻一种灰色小尺蛾的毛虫，吮吸它所分泌的芬芳汁液。昆士兰蚂蚁用上颚挤压这些幼虫多汁的肉体，促使它们分泌体内汁液。在压榨完一条毛虫之后，它们便转向下一条。不幸的是，这些尺蛾毛虫会吞食虹臭蚁的卵。有时，那些能分泌芳香汁液的昆虫会"施展"自身"魅力"，故意引诱蚂蚁上当。查普曼（Chapman）和弗洛霍克（Frohawk）研究发现，大蓝蝶（*lycæna arion*）的幼虫长有蜜囊，一旦遇上红蚁（*myrmica lævinodis*）的工蚁，大蓝蝶的幼虫就会抬起身体后部，引诱红蚁将它带回蚁穴，进而吞食红蚁的幼虫。当它不分泌蜜汁时，红蚁对它完全置之不理。另一个事例是，爪哇岛有一种名为东方浅黄猎蝽（*ptilocerus ochraceus*）的半翅目昆虫，据柯卡尔迪（Kirkaldy）和雅各布森（Jacobson）描述，它的腹部长有腺体，能分泌有毒液体，"免费"为蚂蚁提供。蚂蚁为之着迷，立刻上前舐食，结果纷纷被麻痹，成为猎蝽唾手可得的猎物。[2]

如前所述，蚂蚁的反常之举并不代表它们天生有一种不利于物种延续的本能，而是证明：就连最强烈的本能（诸如

---

[1] 亨利·皮埃隆（Henri Piéron），《从进化学说看，不利于物种延续的本能》("Les instincts nuisibles à l'espèce devant les théories transformistes")，见《科学》(*Scientia*)，第9卷，1911年，第199—203页。

[2] 威廉·莫顿·惠勒（W. Morton Weeler），《昆虫社会》(*Les Sociétés d'insectes*)，法语版，1926年，第312—317页。我在本书"文献"部分第213页引用了该书关于东方浅黄猎蝽独特伎俩的描写。

生存与物种延续的本能），都会屈从于难以抗拒的毒液诱惑，令昆虫忘乎所以，将养育及保护后代的职责抛诸脑后。蚂蚁因为"毒品"而自毁前程，将蚁卵及幼虫拱手让与敌人。

奇特的是，人类也有与蚂蚁高度类似的行为，即利用酒精进入麻痹、兴奋甚至中毒状态，以难以觉察和无法弥补的方式走上自我摧残之路。酒鬼忘乎所以，眼中只有那些有毒液体，身心饱受折磨。物理眩晕不过是短暂扰乱人们抵御空洞诱惑的能力而已，比起物理因素所引起的眩晕，这种折磨更加危险。

*

技游和戏耍并不是游戏的分类，而是游戏的方式。在日常生活中，技游与戏耍的界限不会发生改变，正如嘈杂噪声有别于交响乐曲，胡乱涂鸦有别于遵循透视法的精巧绘画。两者的对立源于一个事实——使各种资源得到最佳利用的审慎行动与毫无章法的持续躁动，两者不可同日而语。

我们所讨论的是游戏原则的变质，或者说是游戏不设边界、毫无约束的自由扩张。它以相同的方式发生，引起也许只是从表面上看严重程度不一的后果。癫狂与中毒，就是对游戏本能冲破游戏边界的惩罚。假使这种本能只在游戏范畴内施展，不会引起不可挽回的局面。相反，由机运类游戏偏离所引发的迷信似乎是良性的；更有甚者，竞争精神一旦摆脱公正与忠诚的规则束缚，就会激发无尽野心，产生大胆之举。但是，将现实生活中的决策权交付给不可触及的神力与奇迹，在虚拟的体系中机械地对号入座，不利于人们充分发挥自身优势，而是将人推向宿命论；它使人无法敏锐分析各种现象之间的关系，不利于人们在逆境中努力奋进。

在现实生活中，竞争的唯一目的是取胜。有礼竞争的规则被遗忘或唾弃，变成束缚手脚的虚伪空文。取而代之的是无情竞争，为达目的不择手段。如果说个体尚且因为害怕法律制裁和舆论压力而有所顾忌，那么，国家发起不受限制的残酷战争却是被允许甚至是备受推崇的。用于约束暴力的措施形同虚设，战事范围不再局限于边界、要塞和军事区，战事进展也不再遵从战略（有时,战略会使战争类似一场游戏）。于是，战争逐渐脱离了"比拼""对决"的一面，不再是受规则约束、在特定空间进行的竞争，而是变成了一场彻头彻尾的毁灭性大屠杀。

一切游戏原则的变质，都表现为对原本就脆弱不堪的协约的弃用。破坏协约轻而易举，甚至有利可图；遵守协约困难重重，却带来文明的进步。如果说游戏原则与一些强大的本能冲动相呼应（竞争、追求好运、模仿、晕眩），就不难理解，只有在规则缔造的理想与适宜条件下，人们才能以积极而富有创造性的方式满足冲动。这些原始冲动和其他一切本能冲动一样，狂热且代价高昂，若听之任之，只会带来灾难性后果。是游戏对本能冲动予以规范，将其置于制度之下，在合理满足冲动的同时发挥教化与促进作用，去糟取精，为形成并丰富特定的文化风尚助力。

表2

	处于社会体制边缘的文化类存在	融入社会生活的制度化存在	变质
竞争类游戏（竞争）	体育	商业竞争 考试和竞赛	暴力 权力意志 阴谋
机运类游戏（运气）	彩票 赌场 赛马场 采用同注分彩法的博彩	股市投机	迷信 占星术 ……
模仿类游戏（模仿）	狂欢节 戏剧 电影 偶像崇拜	制服 仪式礼节 演绎类职业	异化 双重人格
眩晕类游戏（眩晕）	登山 滑雪 高空杂技 掌控速度	需要驾驭眩晕感的职业	酒瘾和毒瘾

第五章

从游戏到社会学

在很长一段时间内,"游戏研究"等同于"游戏工具研究"。人们关注的只是游戏工具与器材,却很少关注游戏的性质、特征、规则,以及游戏所暗含的本能及其满足。通常,人们将游戏视为简单幼稚、无足轻重的消遣,不具备文化价值。关于游戏及玩具起源的研究更是进一步强化了这一肤浅成见,将玩具视同于工具,将游戏视同于无意义的玩乐,认为游戏是小孩子的把戏,因为大人有更重要的事情要做。所以,那些被弃用的武器会沦为玩具,如弓、盾牌、吹管、弹弓等;比尔博凯和陀螺起初也是法器,而不是玩具。此外,很多游戏源自现已失传的信仰,或是对一些已经失去意义与效力的仪式的简单模仿。轮舞和儿歌似乎就源于早已退出历史舞台的古老咒语。

第五章 从游戏到社会学

"一切都退化为游戏。"读过希恩、格鲁斯、戈姆小姐[1]、卡林顿·博尔顿[2]作品的人,往往会得出这样的结论。当然,持这一观点的作者还有很多。[3]

然而,1938年,赫伊津哈在其重要著作《游戏的人》中提出了截然不同的观点。他认为,游戏先于文化存在。游戏意味着自由与创造,也意味着幻想与纪律。文明的重要表现形式均以游戏为蓝本,强调游戏所激发并维系的钻研精神,以及遵规守纪、超脱宽容的态度。从某种程度上来说,法律、诗律、对位法、透视法、场面调度、礼拜仪式、兵法战术、哲学争辩等,其规则都是游戏规则。规则是人们必须遵守的

---

1 Lady Gomme,即爱丽丝·戈姆(Alice Gomme),英国民俗学家,儿童游戏研究的先驱。——译者注
2 Henry Carrington Bolton,美国化学家、历史学家,著有《用于指定游戏角色的儿歌》(*The Counting-Out Rhymes of Children*)。——译者注
3 这种说法流传最广、最受欢迎,得到普遍公认。就连让·季洛杜(译者注:Jean Giraudoux,法国剧作家、小说家、外交官。)这样不带任何成见的作家,也会想到这个学说。他为此即兴做出形象化的总结,虽然细节有待推敲,但总体意义重大。在他看来,人类或许可以"通过游戏,模仿具体实务——有时甚至是精神层面的活动——而这些具体实务在现代生活中已不复存在"。假以想象,一切可以得到很好的解释:"跑步者被对手紧随,同时也在追逐想象中的猎物或敌人;体操运动员如同史前人类在攀爬高处、采摘果实;击剑运动员想象自己在与吉斯公爵(译者注:Duc de Guise,法国公爵,被法国国王亨利三世谋划刺杀。)或西哈诺(译者注:Cyrano,17世纪法国小说家、剧作家,又称'大鼻子情圣'。)对战;标枪运动员如同在与米堤亚人和古波斯人对决;玩捉猫游戏的孩子,尽量让自己待在蜥蜴也够不着的高处;曲棍球运动员仿佛是在整理拜占庭石块;扑克牌玩家仿佛是在竭力运用巫术催眠、暗示他人……每一种在历史长河中消逝的实务,都留下了一位见证者,那便是游戏。游戏是对远古生活的模仿,体育是对艰难和抗争年代的模仿,也是让人体保留原始力量与灵活性的独特方式。"节选自让·季洛杜,《权利消失》(*Sans Pouvoir*),摩纳哥,1946年,第112—113页。

协约，而文明就建立在规则所构建的缜密基础之上。

赫伊津哈的著作令人不禁掩卷沉思："一切都起源于游戏？"

两种主张几乎完全对立。在我看来，这并非一个"二选一"或"二合一"的新命题。诚然，两种主张很难调和：前者一律将游戏视作成人严肃活动向孩童无谓消遣的退化，后者将游戏精神视作内涵丰富、推动文化发展的协约的源头。游戏精神主张构思、精进与创造。它教育人们真诚面对对手，将对抗关系限定在赛场以内。借由游戏，人类尝试战胜沉闷、宿命、盲目与野蛮。借由游戏，人类学会建立秩序，追求平衡与公正。

两大主张的对立并非一个无解的悖论。游戏精神对文化而言至关重要，但游戏本身和玩具会随着时间推移而成为历史残留，或因时过境迁而变得难于理解，或因跨境迁徙而在新文化环境中失去原有内涵。总之，这些游戏和玩具显得与当下社会格格不入。它们仅仅只是被这个社会所容纳而已。而在先时或在它们的原生社会中，它们是社会基本体制的组成部分，无论这个体制是世俗的还是宗教的。显然，它们最初并不是游戏——这里的"游戏"等同于"儿童游戏"一词中的"游戏"概念——但已具备游戏特征（正如赫伊津哈所定义的那样）。发生改变的是这些游戏和玩具的社会功能，而不是它们的性质。在经历变迁与退化之后，它们丧失了原本的政治或宗教意义。反观之，这种意义丧失恰恰证明了它们所蕴含的是游戏架构而非其他。

最有代表性的例证要数面具——面具由盛行全球的圣事工具转变为玩具，这恐怕是人类文明史上的一次重大转变。类似的转变还有很多且证据确凿，例如：夺彩杆[1]与征服天空的神话有关；足球运动与古希腊两大敌对氏族争夺太阳的传说有关；跳绳游戏曾被用于体现年龄优势，进而按年龄划分社会群体。18世纪末，风筝作为玩具被引入欧洲，而在此之前，远东地区将风筝视为放风筝者外显的灵魂，它与脆弱的风筝纸架神秘相连（实际上是通过系住风筝的线），随风摇摆。在朝鲜，风筝发挥了替罪羊的作用，能为一个有罪的群体带走晦气；在中国，风筝被用来测量距离，充当原始电报传递简单信息，还可以用来在河流两岸越险牵线，架设浮桥；在新几内亚，风筝被用来牵引小船。跳房子游戏的格子很可能象征着入会首先需要穿过的迷宫。看似轻松愉快、充满稚气的捉猫游戏[2]，原被用于以命运裁决的可怕方式挑选赎罪的牺牲品（现在是通过吟诵儿歌的方式来分配游戏角色），不幸被选中的人可以（至少人们如此认为）通过追赶，将"祭品"身份传递给他触碰到的那个人。

在法老时期的埃及，墓地内常画有棋盘，其底部和右侧的五个格子饰有吉祥的象形文字，下棋者上方位置写有与奥

---

1 le mât de cocagne，法国旧时的一种游戏，夺彩杆的杆头悬挂有奖品，爬到杆顶者可获得此奖品。——译者注
2 le jeu de chat perché，类似于中国孩子玩的捉人游戏，一人被指定为追赶者"猫"，其余人为"老鼠"，若"老鼠"被"猫"触碰，则随即交换角色。——译者注

西里斯[1]主宰的亡灵宣判有关的文字。死者在另一个世界通过博弈获得或失去极乐永安。在吠陀时代的古印度，献祭者以荡秋千的方式协助太阳升空。秋千的轨迹被视作天空与大地的连接，堪比彩虹（因为彩虹被视为天地间的连线）。秋千还经常与雨水、孕育力、自然更迭等理念挂钩。春季，人们郑重其事地为爱神伽摩（Kama）、牧神黑天（Krishna）推动秋千。人们相信是宇宙的大秋千将世间万物带入永恒的往复中。

古希腊定期举行的体育竞技，有献祭活动和仪式队列相伴随。这些体育竞技本身就是针对某位神灵的祭祀，献祭品是人们的努力、才能及风尚。古希腊的体育竞技首先是一场虔诚的仪式，关乎信仰。

机运游戏最初常被用于占卜，正如力量游戏、技巧游戏、谜语比赛最初是选拔官职的手段。当今的游戏很多仍保留有最初的圣事色彩。爱斯基摩人只在春分时玩比尔博凯，且游戏后第二天忌渔猎。这一段"净身期"证明比尔博凯最初绝不只是单纯的消遣而已。另外，比尔博凯还促发了各种帮助记忆的吟诵。在英国，陀螺游戏有固定的开展日期，如在其他时段玩陀螺，玩家的陀螺将被没收。以前村庄、教区和城市都备有巨大的陀螺，每逢特定节日，便会有专门的社团转动陀螺，作为节日仪式的一部分。这再次证明，游戏往往是由具有特定意义的古老活动演变而来的。

轮舞和哑剧延续或取代了一些被遗忘的仪式。例如，法

---

1 Osiris，古埃及神话中的植物神、尼罗河水神，亦为阴间判官。——译者注

国的《小心塔防》("La Tour prends garde")、《北方的桥》("Le Pont du Nord")、《巡逻骑士》("Les Chevaliers du guet"),英国的《珍妮·琼斯》("Jenny Jones")、《老罗杰》("Old Rogers")。

我们不难从这些娱乐活动中发现诸如抢婚、各种禁忌、葬礼礼仪以及诸多陈习旧俗的影子。

在专史研究者看来,游戏是与个体或群体兴衰紧密关联的庄严重大活动逐渐走向衰败的最后阶段。我认为,这一观点把每一种游戏都看作严肃活动的终极沦落,从根本上就是错误的。一言以蔽之,这纯粹是一种毫无裨益的肤浅错觉。

*

诚然,自从被更为强大的武器所替代,弓、弹弓、吹管就成了玩具。但儿童也玩水枪、砸炮枪或玩具气枪,而手枪和气枪在成人世界里并没有被弃用。儿童还玩玩具坦克、玩具潜水艇、可以投下玩具原子弹的玩具飞机。没有什么新式武器不是一问世就被仿造成玩具的。史前儿童也许偶尔会玩简易的弓、弹弓和吹管,尽管当时他们的父辈——正如直白的孩童语言所描述的——"当真"在使用这些"真正"的武器。马车游戏恐怕不是直到汽车发明之后才有的,再现资本主义运行机制的"大富翁"游戏也并非资本主义灭亡后的遗存。

宗教之物与世俗之物在这一点上并无区别。新墨西哥州的普韦布洛印第安人的主要信奉对象是一种半神:卡奇纳神

（Katchinas）。那些在面具舞中扮演卡奇纳神、对其十分敬畏的成人，依然会制作卡奇纳神玩偶给儿子玩。同样，在一些天主教国家，孩子们经常玩举行弥撒、坚信礼、婚礼、葬礼的游戏，只要游戏是以尊重宗教的方式开展，家长就不会制止。在撒哈拉以南非洲，孩子们可以仿制面具和响板，只有在做得太过滑稽甚至有亵渎之嫌的情况下才会受到大人责罚。

与宗教相关的工具、标志及仪式，以及与军事相关的行为和动作，常常是儿童的模仿对象。在孩子们看来，模仿大人的模样、假装自己也是大人，是一件很好玩的事。这就是为什么一切仪式，或者说一切受规则约束的活动，只要稍有震慑力或严肃性，尤其是当活动主导者需要身着特殊服装时，都可以成为孩子们游戏的模仿对象。玩具武器和套装玩具因具有特色的配件及基本的乔装功能而广受欢迎，让孩子们变身为军官、警察、骑士、飞行员、水手、牛仔、公交车售票员或是任何一个引起他们注意的人物。同样，布娃娃可以让小女孩模仿母亲的模样，假装自己也是妈妈。

这让人不禁怀疑，并非严肃活动退化为儿童游戏，而是两者并存，分属于不同门类。当祭司满怀敬意地推动爱神伽摩和牧神黑天的缀有宝石与花环的华丽秋千时，印度孩童已经熟知秋千游戏。当孩子们玩士兵打仗的游戏时，军队依然存在。至于布娃娃游戏有朝一日会消失，恐怕更是不可想象的吧？

*

谈及成人活动，比赛是一种游戏，战争则不是。不同时期总有或多或少的人死于战争。当然，比赛也可能导致死亡，但仅仅是出于意外，例如在赛车、拳击或剑术比赛中发生意外事故。与战争相比，比赛的规则性更强，更独立于现实生活，有更明确的限定。此外，游戏本质上不会产生超出游戏界限的结果，纯粹只是一种可以令人折服的努力，不断用新的成功冲淡上一次成功，用新的纪录刷新旧有纪录。同样，轮盘是一种游戏，投机则不是。尽管两者都面临风险，依然有不同之处：前者的参与者完全是被动地等待命运的裁决；后者的参与者则是想方设法利用命运的裁决，要不是担心名声扫地或锒铛入狱，投机者恐将无所不用其极。

由此可见，尽管模仿某种成人活动的游戏在该活动消失后仍长期存在，但游戏绝不是成人活动被弃用后的残渣剩滓。游戏首先表现为一项与日常现实平行、独立的活动，因其独有的游戏特质，区别于日常生活中的行为与决策。我曾在本书开篇时对这些特质进行了定义及分析。

儿童游戏从某种程度上来说（也是自然而然）在于模仿成人，正如儿童受教育是为了长成能承担真实（而非想象的）责任的成人，这些责任无法用一句"我不玩了"抹除。一个不容忽视的问题是，成人也一直在玩游戏。这些游戏复杂多样，有时甚至带有一定危险性，但它们依然是游戏。比起所谓的严肃活动，人们可能对游戏投入的财产更多、介入的程度更深、抱持的热情更高，但游戏与严肃活动依然泾渭分明。游戏是抽离于现实的闭环，原则上对制度化群体生活的稳定与延续性不产生重大影响。

很多学者极力从游戏尤其是儿童游戏中寻找证明，认为游戏是先前具有独特意义、起决定性作用的活动，发生了有趣但无意义的退化的结果。他们并未充分意识到，游戏与日常生活向来是对立并存的。他们的错误观点，反而是一个宝贵提示：游戏的纵向发展史，即游戏随年代变迁而产生的变化（例如先前的仪式变为轮舞，先前的圣事工具变为玩具），并非如学者们曾以为的那样能揭示游戏本质。相反，这些漫长且充满不确定性的演变，间接证实了游戏与文化不可分割。最显著、最复杂的文化表现形式，貌似都与游戏架构紧密关联，甚至是游戏架构正式升级为制度与立法的结果。游戏准绳升级为社会运行规则，具有强制性和约束力，得以推广实施并不可取代。

我们无须追问游戏与严肃架构孰先孰后，即可通过法律、习俗、宗教仪式来解读游戏，或通过游戏精神来解读法律原则、宗教习俗、战略规则、三段论及美学。两者互为补充，都具有丰富孕育力。游戏架构与实用架构往往是相同的。但是，它们各自统辖的活动不可能被整合到同一个时空范围内。在任何情况下，它们发挥作用的领域都是不兼容的。

游戏表达与文化表达并无不同。两者有相同动因。诚然，在随时间推移而演进的文化中，旧制度也许不合时宜，曾经的重要协议现今形同虚设,协议任何一方都可以随意选择遵守或不遵守,践行名存实亡的协议成为奢望,对当下社会运转不再产生影响。渐渐地,这份毫无作用的往日余威就会退化为单纯的游戏规则。我们可以从某个游戏中辨识出以往社会机制的重要元素,这一事实足以证明:游戏与文化之间有着非凡的契合度和惊人的互通性。

所有机制的运转都类似于游戏,建立新机制如同用新的游戏规则取代旧规则。新的游戏回应新的诉求,推崇新的规范与法则,要求新的优点与才干。如此看来,变革如同游戏规则更新。例如,以前由出身赋予的优势与职责,现在必须凭借真才实学或通过考试竞争获得。换句话说,不同类型游戏的主导原则(运气或技巧、机会或优势)在游戏闭环之外同样发挥作用。游戏世界仿若一个摆脱重力与物质的虚拟世界,游戏原则在这个世界里毫无阻碍地发挥绝对统领作用。而在错综复杂的现实世界,游戏规则的作用绝不是主导、抽离或事先限定的,必将带来不可避免的结果,产生或好或坏的影响。

游戏与现实两大领域的相同动因如下:

想要自我肯定,意欲证明自己是最好的;
期待迎接挑战、打破纪录,或仅仅想要破解难题;
等待或寻求命运的垂青;
偏爱秘密、模仿、易装;

渴望体验恐惧或令他人感到恐惧；

追求重复与雷同；或与之相反，追求即兴创造，不断改变解决问题的方案；

渴望打破神秘，解开谜题；

渴望通过各种手段的组合，纵横捭阖，达到目标；

渴望就力量、技巧、速度、耐力、平衡、构思等展开较量；

完善规则与法律并遵照执行，或企图规避法则；

渴望兴奋与眩晕，追求能带来快感的惊慌状态或心醉神迷。

不管是在被边缘化的抽象游戏世界，还是在不受保护、任何行动都产生实效的现实世界，发挥推动作用的无外乎这些因素或动机。它们之间几乎不可兼容，在游戏世界和现实社会中所扮演的角色、发挥的作用、占据的地位也不尽相同。

各因素之间并非势均力敌，大部分存在排斥关系。某些因素受到重视，必然导致另一些因素被贬低。在不同情况下，我们服从法规或听信狂徒；主动谋划或凭借直觉；诉诸暴力或圆滑处理；倚重才干、经验及智慧，或借助无法被证实的（因此也是不争的）神力。因此，在每种文化中，都暗含了一种不精确、不完全的价值划分，其中有的价值被认为具备社会效能，其他的则不具备。在游戏占据重要地位的领域，以及依赖于此的次生领域，这些价值得到充分施展。文化的多样性与独特性，可能与该文化中盛行的游戏的性质有关。

当然，仅仅通过游戏来定义某种文化的做法是草率的，极有可能得出错误结论。实际上，每一种文化中都同时存在海量的不同类型的游戏。在下任何定论之前，首先要分析哪些游戏符合制度价值，是对制度价值的确定与强化；哪些游戏背离制度价值，是社会机制的补偿手段与安全阀门。举例说明：在古希腊，竞技场游戏显然符合城邦所推崇的理念，并为实现这种理念助力；而在当今许多国家，国家彩票或采用同注分彩法的博彩显然与现代所推崇的理念背道而驰，但仍然发挥了重要甚至不可或缺的作用。它们作为一种带有偶然性的补偿机制，使人们获得通常只有依靠劳动及才干才能获得的报酬。

总而言之，游戏作为一个独特的范畴，其内容可变，甚至可与现实生活内容互换。对于游戏这种不仅儿童感兴趣，大人也同样着迷的活动，我首要关注的是如何尽量精准地定义其特征。

我发现，成人一旦进行"游戏"这种所谓的消遣活动，甚至比从事职业活动更投入。游戏往往比工作更引人入胜，对精力、技巧、智慧和专注度的要求更高。游戏中的自由与强度，在抽离于现实的理想世界里不断强化某种行为而不产生任何严重后果，这一事实为游戏的文化孕育力提供了注解，说明了为什么对游戏的选择会从一个侧面反映社会风貌及价值取向。

我认为，游戏与社会习俗及制度之间，必然存在紧密的互补或协同关系。游戏几大基本类型的文化孕育力各不相同。

某种文化的前途命运,其崛起的可能、停滞的风险,是否与它所青睐的游戏类型相关,是一个值得探究的命题。换句话说,我的研究并不止步于游戏社会学,而是从游戏着手,为一种社会学搭建基础。

第二部分

第六章

广义游戏论

在游戏中发挥主导作用的基本要素——竞争、运气、模仿、眩晕——并非彼此绝缘。众多事例证明，它们可以彼此交融，共同发挥作用。很多游戏正是建立在不同要素的联结与融合之上。但是，这些基本要素界限分明，并非可以无差别地彼此相结合。如果仅考虑两两结合的情况，四种基本要素理论上有且仅有六种组合方式。将每种要素分别与另外三种要素组合，可以得到：

竞争-运气（竞争类游戏-机运类游戏）

竞争-模仿（竞争类游戏-模仿类游戏）

竞争-眩晕（竞争类游戏-眩晕类游戏）

运气-模仿（机运类游戏-模仿类游戏）

运气-眩晕（机运类游戏-眩晕类游戏）

模仿-眩晕（模仿类游戏-眩晕类游戏）

当然，要素之间还可以进行三元组合，但这些三元组合不过是要素的偶然并列，对游戏性质并无实际影响。例如，赛马对骑手而言是典型的竞争类游戏；同时，赛马也可以是与模仿有关的表演；还可以是打赌下注的良机，借由竞争展开机运类游戏。尽管如此，这三个领域依然保持相对独立。竞争的原则并没有因为赛马是下注对象而发生改变。三个要素只是简单交会，并非彼此融合。这种交会是由游戏原则的性质决定的。

哪怕是要素间两两组合，难易程度也不尽相同。理论上可行的六种组合，因受游戏内容制约，实际的组合概率及效能大不一样。有的两两组合完全不成立，或是不再归属游戏范畴；另一些组合虽然符合游戏本质，但纯属偶发，不具备稳固的确定性；还有的组合具有结构稳定性，在不同类型游戏的原则之间产生至关重要的融合互补。

游戏要素两两组合的六种方式中，有两种组合明显违背情理，另外两种勉强可行，最后两种形成了本质性的协同关系。

接下来，我们将对这些组合加以详细探讨。

1. 不可能的组合

显而易见，眩晕不能与受规则限制的竞争组合，否则后者的性质会立刻发生改变。眩晕导致停滞无力与盲目痴迷，是对自制与努力的全盘否定。竞争类游戏的要义——有效利用技能及谋略、自我控制、遵守规则、在平等条件下展开较量、事先认定服从裁判、将对决限制在约定范围内等——将被眩晕破坏，不复存在。

规则与眩晕不可兼容，模仿与运气似乎也没有结合点。一切"假扮"都会使"听从命运"变得言之无物。试图"欺哄命运"毫无意义。机运类游戏玩家希望获得命运无条件的优待，向命运之神祈祷时不会假借他人的身份，也不会相信或使他人相信自己并非自己而是他者。没有任何模仿能够躲过宿命，否则宿命就不叫"宿命"了。机运类游戏的前提条件是彻底听从命运安排，这与乔装掩饰或耍花招恰好相反，否则，人们便可自称具有改写命运的神力。如果这种神力真的存在，机运类游戏的原则将遭到破坏，正如先前所谈到的竞争类游戏的原则被眩晕所破坏一般。失去游戏原则，游戏本身也就不复存在。

2. 非本质的偶发组合

机运类游戏可以完好无损地与眩晕结合，竞争也可以与模仿类游戏结合。众所周知，在机运类游戏中，游戏者不管是好运不断还是坏运连连，无一不沉浸在紧张所带来的眩晕中。他们忘记了疲劳，对身边事几乎充耳不闻，仿佛被随时会停止的弹珠或即将被翻开的纸牌施了魔法。他们不再冷静，有时甚至会赌上超出他们所有的赌注。这样的赌场故事不胜枚举。值得注意的是，眩晕可以摧毁竞争类游戏，但丝毫不会给机运类游戏带来阻碍。眩晕让机运类游戏参与者变得疯狂沉迷、难以自拔，但不会促使他们打破机运类游戏规则。我们甚至可以断言，眩晕使游戏者更加依从命运决断，彻头彻尾地接受命运主宰。机运类游戏以游戏者放弃个人意志为前提，而放弃个人意志可导致昏迷、附体或催眠状态。正是基于这一点，两大冲动之间产生了真正的组合。

竞争类游戏与模仿类游戏之间也可形成类似组合。关于这一点，我之前已有谈及：所有竞争本身也是一种表演，同样依照规则展开，期待一个结局，需要观众存在。这些观众涌向体育馆或赛车场的购票窗口，一如涌向剧场或影院的售票处。

参赛者每每赢得领先优势，都会获得观众的掌声鼓励。赛事的曲折波动，如同表演或戏剧的情节发展。尤其值得一提的是，赛事冠军与演艺明星完全可以身份互换。此时，两种冲动发生融合，模仿不仅不会破坏竞争类游戏的原则，反而因为参赛者不可辜负观众而使其得以强化。观众既是参赛者的拥趸，也是其监督人。参赛者深知自己处于众目睽睽之下，必须发挥最佳水平，既要确保自己的行为无可挑剔，还要尽最大努力争取胜利。

3. 本质性的深度组合

接下来，我们要考察游戏原则之间发生本质性协同的情况。最显著的本质协同发生在竞争类游戏与机运类游戏之间，它们既相似，又互补。两者都要求绝对公正和数学概率上的均等，并最大限度地严格贯彻执行。两者都具有精准的规则、周密的措施、高明的计算。尽管如此，在这两种游戏类型中，胜出者的产生方式却完全相反。正如我们所见，竞争类游戏的参与者只能依靠自己,而机运类游戏的参与者唯独不能依靠自己。前者是对个人全部资源的充分利用,后者却是明确搁置个人资源。但是,在这两个极端之间——正如象棋之于骰子、足球比赛之于乐透彩票——还存在一系列游戏,将竞争与运气这两大要素按不同比例加以组合。例如:纸牌游戏并非纯粹依靠运气;多米诺骨牌、高尔夫以及其他很多游戏,其乐趣就来自游戏者必须在一个不由他设定的情境或是他无法单方面掌控的走势中谋求最佳结果。运气意味着从自然、外界或神意的角度对抗游戏者个人的力量、技能和学识。游戏仿佛是对真实生活的还原,却是以虚构、有序、独立、受限的理想化方式。这是游戏不可变更的特性所在。

在游戏世界,竞争类游戏和机运类游戏都属于有规则的范畴。没有规则就没有竞争,也没有机运类游戏。在游戏世界的另外一端,是模仿类游戏和眩晕类游戏,它们属于无规则的范畴,由游戏者凭借丰富的想象和自发的灵感,不断自由发挥。无论想象还是灵感都无规程可言。如前所述,游戏者在竞争类游戏中完全依靠个人意志,在机运类游戏中则恰恰相反。而此处,模仿类游戏要求参与者自知在假装和模仿,眩晕和出神则旨在消除全部意识。

也就是说,在模仿过程中,演员经历了真实身份与所演角色之间意识的分裂。相反,眩晕引起混乱与惊慌,甚至是意识的暂时丧失。有一种关键的状况是:模仿可以产生眩晕,意识分裂可以导致惊慌。"假装是另一个人"的行为有可能使人异化、迷失;戴上面具的人得以摆脱束缚并陶醉其中。因此，在感官错乱的危险境域，面具与出神的结合最为可怕。它使深陷其中的人意识恍惚，暂时忘却现实世界。

机运类游戏与竞争类游戏的组合，是意志的自由博弈，建立在人们突破困境所获得的满足之上。这个困境是刻意设定的，为游戏者所自愿接受。模仿类游戏和眩晕类游戏的结合引发一种全面激化，甚至彻底走向游戏的反面，成为现实生活状态难以言喻的变体。由此引发的癫痫没有可以参照的标准，其威力、价值和强度均凌驾于现实世界之上，正如现实世界凌驾于有规则的游戏之上（有规则的游戏预先受到保护，服从于竞争类游戏与机运类游戏互补的规则，且有参照标准）。模仿和眩晕的结合是如此强大而不可逆转，必然归属于神圣范畴。它也许是恐惧与沉迷交融的主要动因之一，而恐惧与沉迷交融正是神圣范畴的主要特征。

在我看来，这种组合的势力难以抵挡。人类历经千年，才走出这片海市蜃楼，走向一般意义上的"文明"。我认为，文明的到来是在不同条件下发生同类型变革的结果。我试图在本书第二部分分析这个关键性变革的大致脉络，最后探寻眩晕与模仿这种曾经显得如此不可撼动、经久不衰的组合，究竟是如何以出乎意料的方式走向分崩离析的。

*

在讨论才干与运气的组合取代面具与出神的组合这一关键变化之前，有必要简要讨论另一组协同关系。正如我们所说，机运类游戏完全可以与竞争类游戏结合，模仿类游戏也完全可以与眩晕类游戏结合。不难看出，结合的一方是积极的孕育性因素，而另一方则是被动的毁灭性因素。

竞争与模仿可以并已经创造了富有教益或美感的文化形式，催生了稳固、权威、几乎不可或缺的各类常见机制。体育是有规则的竞争的代表，戏剧表演是以游戏形式表现的模仿。但是，对运气与眩晕的追求，除了少数特例，极少带来进一步成果或建树，通常只能引起麻痹、狂热或是痴迷，起到中断或破坏作用。

产生这种差异的根源并不难寻。竞争与机运的组合在有序的规则世界中占主导。在这一组合中，个人意志在机运类游戏和竞争类游戏中的作用完全相反。竞争类游戏者渴求胜利，必须依靠己力奋发而为。游戏者希望用胜利证明自己的优越性，并因此而受到激励。机运类游戏则恰恰相反，游戏者事先默认无条件接受命运判决，完全放弃个人意志。除了将骰子抛向空中再读取命运的决断，他什么都不用做。机运类游戏的规则就在于使游戏者不作为，以免扰乱命运的判决。

这样两种对等的方式，都可以在游戏者之间建立绝对公正，确保完美的平衡。不同的是，前者是对抗外界困阻的意志斗争，后者是接受命运判决而弃用个人意志。好胜心促使人类精进才能、提升美德，而宿命论让人变得颓怠。竞争类游戏要求个人施展全部优势，机运类游戏却意味着在沉默与无为中等待源自外部的支持或否定。学识与技能既是对竞争类游戏的支撑，也是竞争类游戏的回报；魔法与迷信、对神显及巧合的研究，则必然与机运类游戏的不确定性相伴随。[1]

由模仿与眩晕的组合主导的无序世界同样存在两极分化。模仿类游戏意味着刻意表现某个角色，这种行为很容易转变为艺术创作。演员诠释角色，营造戏剧幻象，必须像竞赛中的选手一般随机应变。眩晕类游戏与机运类游戏相似，也存在对意志甚至是意识的弃用。游戏者任意识失控，陶醉于外部力量的主宰与僭越之中。达成这种状态无需任何特殊才干，只需放任自流即可。

正如机运类游戏的危害在于无法掌控风险，眩晕类游戏的危害在于无法终止游戏者自愿承受的惊慌。照理说，被动游戏应该能不断强化游戏者对某种诱惑的抵抗力，事实恰恰相反。因为这种抵抗力只有在持续的诱惑前才是有意义的，要不断经受考验，注定走向溃败。这种抵抗力无法习得，只能在考验中发挥作用，直到无法承受。模仿类游戏催生了舞台艺术，而舞台艺术是文化的表达与展现形式；追求昏迷与惊慌则抑制个人意志力与判断力，使人进入狂热混乱的出神状态，摒弃原有身份，将自己当作神。

由此可见，在两大组合内部，均仅有一种游戏类型发挥创造性作用：在面具与眩晕的组合中，发挥创造性作用的是

---

[1] 不言而喻，这些相对立的要素常常彼此交织。参赛者也可以佩戴吉祥物（但他们并不会因此而减少运用力量、技能或智谋）；赌徒在下注之前，也会精心算计（尽管常常是白费力气），他们不用读庞加莱或波莱尔的著作也知道机运毫无善心或记忆可言。人们很难做到完全依靠竞争或完全依靠机运。一旦选择其中之一，人们通常会私下向其对立面寻求弥补。

模仿类游戏；在有规则竞争与运气的组合中，发挥创造性作用的是竞争类游戏。[1]组合中的另一种游戏类型很快就成为破坏性力量，形成强大、无情、无法补救的趋势和毁灭性的可怕诱惑。遏止这种破坏力十分重要。在由模仿和催眠所统领的社会，文明的转机有时就出现在表演战胜昏迷、巫师面具变为舞台工具之际。在以才干与运气的组合为根基的社会，同样存在强调公平公正、削减机运成分的不懈努力。这种努力本身就是一种进步。

接下来，我们将在现有民族志和历史学所界定的人类发展进程中，考察蕴含双重关系的游戏（模仿与眩晕的组合，以及运气与才干的组合）。

---

[1] 作者使用不同表达来指代这些游戏要素，如有规则竞争（rivalité réglée）、才干（mérité）与竞争（compétition），运气（chance）、出身（naissance）与机运（hasard），催眠（hypnose）、昏迷（transe）、附体（possession）、出神（extase）与眩晕（vertige），面具（masque）与模仿（simulacre/mimique/pantomime），译文尽量与原文保持一致。——译者注

第七章

模仿与眩晕

　　游戏具有强大的稳定性。帝国和政体会消失，但游戏持续存在，规则依旧，甚至连用具都未变。然而，游戏长期被视为微不足道的存在，不具备重要性，这是谜团之一；谜团之二在于，游戏并不具备遗传特性，却始终能够流畅而坚韧地延续下去，就像树叶在四季轮回中繁茂凋落却始终如一，就像野兽的皮毛花纹、蝴蝶的翅膀图案、海螺的螺旋壳纹一样世代相传。游戏数量繁多，不断变化，形式万千。它们的丰富程度不亚于植物物种，却远比植物更能适应新环境。游戏的传播速度与适应能力惊人，很少有游戏仅局限于某一个特定区域。除了我们之前所提到的陀螺游戏纯粹是西洋游戏[1]，以及似乎直到18世纪才传入欧洲的风筝游戏，其他游戏在很早以前就已通过不同形式传遍世界。游戏是人类本性同

---

[1] 有待考证。有记载显示，陀螺游戏发源于中国。——译者注

一的证明。就算偶尔能定位某种游戏的发祥地，也不可能就此限定其传播范围。每一种游戏都可以遍地开花。不可否认，游戏的原则、规范、用具及效力具有非凡的普适性。

（一）游戏和文化的相互依存

游戏的稳定性与普适性互为补充。加之游戏与其所在文化息息相关，其稳定性与普适性就更有意义。游戏突显文化倾向，延续文化功用，反映文化信仰。在古代，跳房子的图形如同一个迷宫，人们在迷宫中将石头推向出口，寓意将灵魂推向解脱。基督教将这一图形简化、拉长，用一系列画在地上的方形，再现了基督教教堂的平面图：以推石头的方式，使灵魂抵达穹顶、天国或天堂，这一目标又与基督教教堂的主祭坛相吻合。在印度，象棋游戏中原本有四个王。中世纪时期象棋传入西方，在圣母崇拜和宫廷爱情的双重影响下，四王之一变为"后"，是威力最大的棋子；"王"成为象征性角色，几乎处于被动地位。无论如何，这些变迁并未影响跳房子或象棋游戏的基本延续性。

许多例证表明：每一个社会与其所推崇的游戏之间都存在一种紧密联系。社会大众普遍存在的优缺点与游戏规则有密切关系，且不断增强。那些最受欢迎、流传最广的游戏，一方面突显了民众最常见的倾向、爱好及思维方式；另一方面，游戏的开展又让这些优缺点在民众中得到巩固与传播，潜移默化地影响其行为习惯和价值取向。因此，某个民族尤其青睐的游戏,可以用于推定并精准描述这个民族的某些精神或思维特征,而这些特征又通过游戏得到强化。

同理,我们可以通过在某个文化中尤其盛行的游戏来分析这一文化本身。如果说游戏是文化的要素与写照,那么,一种文化或这种文化的某个发展时期,将因其盛行的游戏而独具特征。游戏反映了社会及其特定发展时期的风貌,为探究大众偏好及优缺点提供了有益借鉴。对全知和拥有极强智慧的麦克斯韦妖[1]而言,斯巴达的命运也许就写在角力场上那如军事般严苛的游戏之中,雅典的命运暗藏在诡辩派的悖论之中。角斗场上的较量,预示着古罗马的衰亡;赛马场上的竞争,注定了拜占庭的没落。游戏影响人们的习惯和意识,使人们产生行为预期,不符合预期的行为被视作粗暴卑劣之举、寻衅不忠之为。毗邻的两个民族有何心理差异、其根源何在,可以从各自推崇的游戏中寻找答案。尽管游戏并非精准的判断依据,但可以提供强有力的解释。

举例说明,高尔夫球是盎格鲁-撒克逊民族最擅长的运动,这一事实并非无关紧要。在这个游戏中,任何人在任何时候都可以随心所欲地作弊。可是,一旦有人作弊,整场游戏将彻底失去意义。盎格鲁-撒克逊人将类似的心理和行为特征带入纳税人与税收、公民与国家的关系中也就不足为奇。

---

[1] 指英国物理学家詹姆斯·克拉克·麦克斯韦(James Clerk Maxwell)于1871年假想的妖,能控制分子运动。这一假想能够推翻热力学第二定律,进而使永动机成为可能。——译者注

另一个富有启发意义的例证是阿根廷纸牌游戏（truco）。玩这种游戏完全靠伎俩，甚至是作弊。作弊行为是成体系、有规则的，也是必要的。游戏的关键在于要设法把自己手中的纸牌及组合告诉队友，却不能向对手泄露半点信息。因此，游戏者只能通过一系列面部表情来传递信息，用撇嘴、蹙眉、眨眼等特定表情，指代不同的王牌。这些暗示成为游戏规则的一部分，用于在对手不知情的情况下与队友交流。好的玩家知道该如何利用对手的每一次疏忽，快速且不动声色地与队友沟通（悄悄做个鬼脸，队友就明白了）。纸牌之间的组合则是用花名指代，沟通技巧在于不直接说出花名，而是以看似不相关的暗喻，只让队友心领神会。这一流行甚广、可谓全民参与的游戏，操作如此奇特，难免不促成、维系或显现某些思维习惯，使日常生活乃至公共事务都映射出游戏的特点：巧妙的暗示，合作者之间的紧密协同，半真半假设置陷阱的偏好——这种情况是被允许也是被接受的，尽管可能招来以牙还牙的报复——滔滔不绝、口若悬河却又隐匿关键词的说辞，以及相应的破解关键词的能力。

琴、棋、书、画是中国文人雅士的四项必备技能。中国人认为，围棋、象棋等棋类游戏能开拓思维，使人学会从容应变，寻找解决问题的多种途径。在棋类游戏中，游戏者急功近利的状态得以平复，身心趋向舒缓和谐，可以享受谋略之乐。毫无疑问，此处亦彰显了文明的特征。

尽管如此，这种论断依然具有不确定性，理应佐以其他论据，谨慎提炼出最不争的事实；更何况，同一个文明内部常常同时存在多种多样、均受欢迎的游戏。另外，针对那些受到舆论谴责、法律禁止的不当诉求，游戏可作为无实际后果的补偿，一种虚设且讨喜的宣泄。与轻盈优雅的提线木偶游戏相比，手偶被常用来表现笨拙顽劣的人物（赫伊津哈已经提示过这一点）[1]，透露出粗野、卑劣甚至是亵渎的意味。传统故事《潘趣和朱迪》[2]是其中的代表之一：潘趣杀死了自己的妻儿；对乞丐不予施舍，还将其痛打一顿；他犯下种种罪行，连死神和魔鬼都不是他的对手；最后，他把前来行刑的刽子手骗上了原本该由他自己"享用"的绞刑架。当然，不能说"潘趣"代表了英国民众心目中的理想人物形象，哪怕这场充斥着各种可怕行径的剧目十分叫座。公众并不是在支持"潘趣"的行径，而是在享受剧目所营造出的并无恶意的欢乐，并由此得以放松。在现实生活中，人们往往承受了种种道德限制与禁令，而为一个劣迹斑斑但屡屡得手的人偶喝彩，使人轻而易举地完成了对现实生活的报复。

游戏是集体价值观的表达与宣泄，必然与文化风格及文化主张相关联。比起断章取义的研究，一种更广泛、更大胆、更合理的推测是：用于定义游戏并将其分类的游戏原则，不但是游戏的主导，同样也作用于游戏范畴（这一范畴是独立、有规则、虚构的）之外。

---

1 于尔约·希恩，《儿童的游戏》，法语版，巴黎，1926年，第165—174页。
2 *Punch et Judy*，英国传统木偶剧。——译者注

对竞争的偏好、对机运的渴求、对模仿的热衷以及对眩晕的沉迷，都是游戏的主要动因，其影响不限于游戏，势必渗透整个社会生活。游戏普遍存在，但不同地域的游戏种类与游戏兴趣各有不同。有的民族热衷于棒球，有的民族更爱象棋。值得探讨的是，在游戏范畴之外，游戏原则（竞争、机运、模仿、眩晕）是否以不同的效力作用于不同社会。游戏普遍动因之间的不均等组合，使不同民族在集体生活及社会机制上产生重大差异。

我并不是暗指各民族的集体生活与社会机制同样也是由竞争、机运、模仿和眩晕这四大原则所统领的游戏。相反，我认为游戏范畴十分有限，是为讲谋略的竞争、有界限的冒险、无后果的模仿、不严重的恐慌而特设的。但我始终认为，作为人类活动的动因，游戏原则是如此根深蒂固、影响广泛、持久普适，必定深刻影响着不同的社会类型。我甚至认为，当社会规范近乎绝对地倾向于四大原则之一而摈弃其他时，我们同样可以用划分游戏类型的原则来划分不同社会类型。其意义在于衡量竞争、机运、模仿和出神在不同类型社会中的地位及权重，而不仅仅用于解释每个社会都有野心家、宿命论者、矫饰之人和狂热之徒，且他们在社会生活中享有不同的成功概率——这一点不言自明。

这一雄心勃勃的研究目的在于论明社会终极运行机制，找寻暗含其中最普遍和隐晦的假设。几大基本动因必然属性稳定、作用广泛，仅分析其影响对精准描述社会结构并无增益，最多不过是提供了指代特定社会类型的新标签与名称。但是，如果采用的术语确实符合主要的对立关系，则可形成对于社会的革新性二分法，正如植物可被分为隐花植物与显花植物[1]、动物可被分为脊椎动物与无脊椎动物。

以国家为架构的复杂高阶社会，显著区别于我们惯常所称的原始社会，这源于科技与工业的发展、行政与司法的作用、数学理论及其实践、城市生活与庞大帝国的多重影响，以及其他同样带来强大复杂效用的差异。这一切都让人觉得，在这两种类型的群体生活之间，存在一种根本对立，也许是其他所有差异的源头、概括、支撑及解释。

我将这一对立描述如下：原始社会——我更偏向于将其称为"混沌社会"（*sociétés à tohu-bohu*）——无论是在澳大利亚、美洲还是非洲，都是由面具与附体（亦即模仿与眩晕）统领的社会。相反，印加人、亚述人、中国人或罗马人的社会则是有序社会的代表，他们形成管理体制与身份划分，建立法典和规程，并严格划分等级与特权。在这样的社会中，竞争与机运（亦即才干与出身），似乎是社会运转首要且互补的因素。与前者不同，这样的社会是"可量社会"（*sociétés à comptabilité*）。在第一种社会类型中，模仿与眩晕（也可以说是面具与出神）确保了集体生活的强度与凝聚力；而在第二种社会类型中，"世袭"（机运）与"能力"（比较和竞争）暗自较量，一种"折中"构成了社会契约。

---

[1] 旧时植物分类名称，也称"孢子植物"和"种子植物"。——译者注

（二）面具与出神

民族志的重大谜团之一，要数面具在原始社会的普遍使用。这种用于变换身份的工具，被赋予了极其重要的宗教意义。人们在节庆时使用面具，此时发挥统领作用的是亢奋多变的眩晕，世界原有秩序被暂时废止，以待革新重生。人们对面具的制作过程保密，面具用毕即被销毁或藏匿。戴上面具的主祭化身为神、精灵、动物祖先，或其他具有恐吓和教化功能的超自然力量。

伴随着愈演愈烈、以无度为旨的喧闹与混乱，人们用面具使自然与社会复苏、重振、焕新。佩戴面具的人暂时扮演可怕的鬼神，代表了人们所畏惧且无法掌控的神力，并通过模仿与之同化，进而成为谵妄的俘虏，发生异化，自视为神——那个他一开始只是通过或巧或拙的手段去乔装模仿的神。此时，情况发生反转：模仿者成为令人生畏的存在，他便是那可怕、非人的神力。他只需要戴上面具（由他自己制作），穿上服装（依照所敬畏的对象被认为应有的外貌，由他自己缝制而成），再利用响板这一秘密乐器（直到参加入会仪式时，他才得以见识这种乐器，并了解其特性、用法及功能）制造出一些奇怪的声响。只有当他亲手使用响板去恐吓他人时，他才明白响板无害、熟悉、人为的一面。伪装的胜利即在于此：模仿导致了绝非伪装的附体发生。当模仿带来的谵妄与狂热散尽，表演者将重新恢复意识。他精疲力竭，反应迟缓，对刚刚所亲历却又无我的经历仅保留模糊的记忆。

人群是促发这种高阶病态与神圣惊厥的"帮凶"。节庆活动以舞蹈、仪式和模仿为前奏，开启狂热，不断升温，直到眩晕取代模仿。正如卡巴拉[1]的预言，扮演鬼神者将变为鬼神。妇女儿童是被恐吓的对象，不能观看面具及其他仪式道具、装饰的制造过程，否则将被处以死刑。事实上，孩子们又怎么可能不知道，那只是父辈们佩戴面具炮制的表演？他们囿于社会规则，依然选择服从，甚至是虔心信服，因为他们和主祭本人一样，都认为主祭是真实地被鬼神附体，发生身份转变。为了听命于仅在信仰中存在的神灵，并表现出被神灵突然附体的姿态，表演者必须首先向神灵发出呼唤与邀请，主动将自我推向瓦解，从而迎接一场奇特的僭越。为此，他们必须使用各种在他们看来再正常不过的手段，如禁食、药物、催眠、单调刺耳的音乐、喧嚣、极度的噪声与躁动，总之，是兴奋、叫喊与战栗的结合。

　　在节庆活动中，人们大肆挥霍平日长期积累的财产，无规则反而成为一种新规则，具有感染力的面具颠覆了日常。所有这些都使得群体性眩晕成为集体生活的纽带与巅峰，是这个整体联结尚不紧密的社会群体的终极基础。阶段性的节会起到了使人群聚合、交流的作用，强化了原本黯淡无光、影响甚微的脆弱协同。在其余时间里，个体忙于日常家事，几乎完全被私人忧虑缠身，而这些家事与烦忧都不会对集体

1　Cabbale，犹太教神秘主义学说。——译者注

生活产生直接影响。因为这一集体尚处于社会组织的初级阶段，不存在社会分工，各个家庭自力更生，对家事几乎拥有完整的自主权。在这种情况下，面具成为真正的社会联结。

鬼神的出现及其所引起的昏迷与狂热，受到恐吓或恐吓他人所带来的心醉神迷，虽是在节庆之时达到极致，但在平常生活中也不会消失无痕。政治及宗教机制往往就建立在由震慑人心的神鬼场面所达成的权威之上。新信徒必须接受各种苛求，忍耐痛苦折磨，经历残酷考验，才能在梦境、幻觉以及痉挛中接收神的昭示，获得永不磨灭的恩典，享受超自然神力的保护。在他（及旁人）看来，这种超自然的存在坚不可摧，冒犯神力者将终身瘫痪，永不治愈。

各类信仰的具体细节可以变幻无穷甚至超乎想象，但几乎所有信仰都不同程度地表现为模仿与眩晕的惊人组合，且模仿与眩晕互为诱因。毋庸置疑，在形态万千的神话与仪式背后，都是模仿与眩晕的组合在发挥作用。稍加留意便可发现，这一组合在不断发生，千篇一律。

萨满教的各种表现为此提供了有力证明。萨满教包罗诸多复杂但特色鲜明的现象，以西伯利亚及北极周边地区的萨满现象为最佳代表。在太平洋沿岸，尤其是在美国西北部、阿劳干人居住地、印度尼西亚，也有同类现象存在。[1] 尽管地

---

[1] 在谈论萨满教时，我参考了米尔恰·伊利亚德（Mircea Eliade）的著作：《萨满教：古老的出神术》（*Le Chamanisme et les techniques archaïques de l'extase*），巴黎，1951年。该书对萨满教在世界不同地区的呈现有非常完整的阐述。

区不同，这些萨满现象却都表现为一种歇斯底里，以及意识的短暂消失。萨满化身为某个或若干个神灵的附着体，神游异世界，并对此进行讲述与模仿。萨满进入出神状态的方式可能是通过麻醉、食用致幻性蘑菇（伞菌）[1]、吟诵与抽搐、鼓点、蒸汽浴、焚烧乳香或大麻，又或是通过盯着燃烧的火苗，直到进入催眠状态。

实际上，具有神经病态特征是人们被选为萨满的最常见原因。萨满候选人因世袭、性情或神迹等原因产生，过着离群索居、近乎原始的生活。通古斯民族的萨满必须用牙齿捕捉猎物为食。萨满身份通过神旨最终确立，这道神旨往往降临在一场类似癫痫的发作之后，用以昭示：这种具有超自然性质的发作，往后还会不断发生。人们将其称为"职业性歇斯底里"。这种状态几乎召之即来，在萨满施法时发挥效应。

在入职祭礼上，萨满的躯体被众神分割后重组，加入新的骨架和脏腑。萨满由此获得去往异域空间的资格。他的肉身静躺在地，人却已飞天遁地、访神问鬼。他获得神鬼的超能力，具有预见未来的本领。每次作法，都会开启神游之旅。谈及眩晕，萨满所承受的昏迷状态常常导致强直性晕厥的真

---

[1] 捕蝇蕈（*Agaricus Muscarius*）的突出影响之一是视物显大症："主体的瞳孔被扩大，所见之物都被可怕地放大……一个小洞成了骇人的无底深渊，一把勺子成了一片湖水。"见 L. 莱温（L. Lewin），《人造天堂》（*Les Paradis artificiels*），法语版，巴黎，1928 年，第 150—155 页。关于居住在墨西哥和美国的惠乔尔人、科拉人、特佩瓦人、塔拉乌马拉人、基奥瓦人在节庆时刻及宗教事务中对具有类似效应的仙人球的使用，可以参阅卡尔·伦博尔茨（Carl Lumboltz）的经典描述［见 A. 鲁耶（A. Rouhier），《仙人球》（*Le Peyotl*），巴黎，1927 年］。

实发生；至于模仿，则表现为萨满处于附体状态时的表演：他模仿那些附身于他的超自然动物的叫声与动作，似蛇一般匍匐前行，如虎一般咆哮奔跑，有时像鸭子潜水，有时像鸟儿展翅。他的服饰与变身对象相关：他很少使用动物面具，而是穿戴象征苍鹰或猫头鹰的羽毛及头饰，彰显飞向苍穹的能力。饰有铁片的服饰有时可重达15千克，萨满必须奋力向上跳，表示他正在高飞。他呼喊着说自己看见了广袤的大地；描述并演示在异世界的种种经历；做出与恶灵搏斗的动作；在地下的黑暗王国里，他冷得牙齿打战，浑身发抖，于是向母亲的灵魂索要一件外套。这时，他的助手会将一件外套扔给他，其他观众则用打火石敲击出星星点点的火花，为这位身处黑暗王国的神奇旅者照亮旅途。

主祭与助手之间的合作在萨满教中十分常见。但这并非萨满教的专属，而是同样存在于伏都教和几乎所有关乎神魂出窍、通灵附体的法事中。这种合作是必不可少的：助手一方面要保护观众，使其不受进入癫狂状态之人的暴力伤害；另一方面也要保护主祭本人，协助其正确履行职责，使其不因无意识、狂热、不适等发生意外。这一点，在锡兰[1]维达人信奉的萨满教中表现得尤为明显。萨满游走在意识崩溃的边缘，经受恶心与眩晕的折磨，脚下的土地仿佛在下沉塌陷。主祭持续处于极度易感状态，正如查尔斯·加布里埃尔·塞

---

1 斯里兰卡的旧称。——译者注

利格曼和布伦达·塞利格曼所描述的:"他几乎是自动依照惯有顺序跳起传统舞蹈,而不是刻意为之。他的助手一直紧密关注舞者的每一个动作,随时准备在他即将跌倒时将他扶稳。助手通过有意无意的暗示,在萨满正确扮演各类复杂角色的过程中发挥重要作用。"[1]

这些表演伴有眩晕、出神、昏迷、痉挛,以及主祭意识和记忆的丧失,因为他本就不该记得他在作法时的经历、所呐喊的内容。在西伯利亚,萨满作法常常是为了治病救人:病人的魂魄被魔鬼掳走或引入歧途,萨满出发将它寻回,讲述并表演他是如何从魔鬼手中夺取病人的精气魂魄,又成功地将其引归的。萨满还可以通过吮吸的方式,驱逐病人身上的邪恶力量:处于昏迷状态的萨满走向患者,把嘴贴在神灵所提示的感染部位上,很快就把邪恶势力给吸了出来。随后,萨满会突然变出一块石头、一条蠕虫、一只昆虫、一根羽毛或是一根黑线(或白线),向四周展示,对它施咒,最后把它一脚踢开或埋进洞里。有时,萨满的助手非常清楚萨满在开

---

[1] 查尔斯·加布里埃尔·塞利格曼(C. G. Seligmann)、布伦达·塞利格曼(Br. Seligmann),《维达人》(*The Veddas*),剑桥,1911年,第134页。T. K. 厄斯特赖希(T. K. Oesterreich)在《着魔之人》(*Les Possédés*)一书(法语版,巴黎,1927年,第310页)中对其进行引用。《着魔之人》一书含有大量描述模仿与眩晕的组合的表现形式的一手资料。后续我还会提到特雷梅恩(Tremearne)关于博里教的文献。其他资料还有:J. 沃内克(J. Warnek)关于苏门答腊巴塔克人的描述,W. W. 斯基特(W. W. Skeat)关于马六甲半岛马来人的描述,W. 马里纳(W. Mariner)对汤加人的描述,科德林顿(Codrington)对美拉尼西亚人的描述,J. A. 雅可布森(J. A. Jacobsen)对美洲西北部的夸扣特尔人的描述等。这些观察者的描述被厄斯特赖希全文引用,成为极具说服力的例证。

第七章 模仿与眩晕

始作法之前就已经偷偷将此物件藏在嘴里,之后再拿出来示众,假装是刚刚从病人体内取出来的。但是,助手对此心照不宣,认为这些物品不过是封印邪恶力量的工具而已。萨满本人极有可能持同样观点。

总而言之,轻信与假装往往奇特地结合在一起。爱斯基摩萨满用绳子将彼此捆在一起,只让精神出游,以免肉身被带到天上,一去不返。这到底是出于真实诉求,还是为了令人信服而炮制的好戏呢?无论如何,神奇的天国之旅结束后,他们总能即刻自动解除束缚,不借助任何外力,神秘得如同灵柜里的达文波特兄弟[1]。资深人类学家弗朗兹·博厄斯曾验证过这一现象。[2]博戈拉兹[3]在留声机中录制到除楚科奇萨满以外的"其他声音"。当众萨满突然缄口不言,那些非人类发出的声音依然可闻,仿佛来自帐篷的各个角落、地下深处或是遥远的地方。与此同时,还会出现各种悬浮现象和"石头雨"

---

1 在这个问题上,参阅罗伯特·胡丁(Robert Houdin)《有趣的魔法与物理》(*Magie et Physique amusante*,巴黎,1877年,第205—264页)一书中对这一奇迹的解释以及观众与媒体的反应,将大有裨益。这时,在民族志研究框架下,魔术师(专业人士)与学者的联手十分重要。后者常因涉及私利或被误导而太过盲从。(译者注:Frères Davenport,19世纪美国魔术师,其最著名的表演是被捆绑着进入一个有乐器的柜子,柜子锁上后传来乐曲声,但打开柜子时两人仍被捆绑着。)
2 弗朗兹·博厄斯(Franz Boas),《中部爱斯基摩人》(*The Central Eskimo*),民族学局第六次年度报告,1884—1885,华盛顿,1888年,第598页。由米尔恰·伊利亚德引用,同前,第265页。
3 Waldemar Bogoras,俄罗斯民族学家。——译者注

或"木块雨"。[1]

在同时具有心理玄学和苦行色彩的领域，此类腹语术和幻术并不少见。例如，对火的操控（将燃烧的炭块含在口中、双手抓住烧红的烙铁），赤脚上刀梯，受刀伤而不流血或伤口迅速愈合……常常就跟变戏法一样。[2]

问题的关键不在于区分这其中几分是真、几分是假，而在于发现眩晕与模仿之间、出神与假装之间不可避免的紧密组合。这种组合并非萨满教的独有特征。发源于非洲，随后传入巴西和安的列斯群岛的伏都教，其附体现象也是眩晕与

---

[1] 参见米尔恰·伊利亚德，同前，第231页；G. 丘彼诺夫（G. Tchoubinov）的《对西伯利亚魔法的心理学理解论稿》(*Beitrage zum psychologischen Verständniss des siberischen Zaubers*, 哈雷，1914年）对此进行了完善，在第59—60页描述道："声音来自很高的地方，然后逐渐靠近，如风暴般穿墙而过，最后消失在地底深处。"（由T. K. 厄斯特赖希引用并加评，同前，第380页。）

[2] 就连我们最意想不到的民族也存在有意识、有组织的幻术，例如非洲的黑人民族，尤其是在尼日尔。在入会仪式上，专业团体以类似绝技比拼的方式交手，他们砍下搭档的头颅，又将其重新黏合。参见A. M. 维吉亚特（A. M. Vergiat）,《乌班吉原始人的秘密仪式》(*Les Rites secrets des primitifs de l'Oubangu*), 巴黎，1936年，第153页。阿莫里·塔尔博特（Amaury Talbot）的《尼日利亚南部的生活》(*Life in Southern Nigeria*, 伦敦，1928年，第72页）描述了一种神奇的把戏，对此，H. 让梅尔（H. Jeanmaire）强调了它与扎格柔斯-狄俄尼索斯（Zagreus-Dionysos）神话的相似性："'我们的城市里就有这样的魔法师，'恩迪亚的阿巴斯酋长说，'那些拜物教的巫师精通秘术，居然可以玩出这样的把戏——他们从一位母亲的怀抱中夺走她的孩子，当着众人的面，将孩子扔进研钵里，捣成肉泥。当然，孩子的母亲被拉到远处，免得她的叫喊声干扰仪式。接下来，三个男人走到研钵旁。第一个男人分食一部分肉泥，第二个男人分食更多，第三个男人则把剩下的肉泥全部吃掉。当研钵里的肉泥被吃得一点不剩后，三个男人走到众人面前，吃得最多的男人站在另外两人中间。然后，他们开始跳舞。站在中间的男人突然停住，用力捶打伸直的右腿，居然就这样从大腿里扯出那个重生的孩子，使他重现在众人面前。'"

模仿的组合。伏都教同样利用有节奏的鼓点、有传染性的躁动，达到出神的状态。主祭身体痉挛震颤，代表其灵魂出窍。经历了易容、变声、流汗、失衡、抽搐、昏厥、尸僵之后，主祭会或真或假地失忆。

无论其强度如何，伏都教的法事与萨满教一样，完全依照精准的流程开展，并与某个先决性的神话交相辉映。一场法事如同一次戏剧表演，被附体者身着与众不同的服装，用以表现附身于他的神灵的特点，同时模仿神灵有代表性的行为。被伏都教的农神扎卡（Zaka）附体的人，头戴草帽，背着挎包，叼一根短烟斗；被海神阿格维（Agoué）附体的人，会摇晃一只船桨；与蛇神丹巴拉（Damballah）通灵的人，如爬虫般在地上蠕动。"模仿"是一项普遍规则，在其他民族中同样存在，甚至表现得更为明显。这方面最好的文献资料来自特雷梅恩关于非洲穆斯林地区博里教的评论及照片[1]。博里教从的黎波里塔尼亚传至尼日利亚，具有半黑人宗教和半伊斯兰教色彩，各方面都与伏都教非常接近，尤其是在神话与实操层面。神灵马拉姆阿尔哈吉（Malam al Hadgi）是一位朝圣智者，被他附体的人故作老态，颤颤巍巍，右手手指像在拨弄念珠，左手举一本想象中的书以供阅读。他弯腰驼背，体质虚弱，咳嗽连连，常常一身白衣出现在婚礼上。如

---

1 《豪萨迷信与习俗》(*Hausa Superstitions and Customs*)，伦敦，1913年，第534—540页；《博里教的禁令》(*The Ban of the Bori*)，伦敦，1919年，参见T. K. 厄斯特赖希，同前，第321—323页。

果是被马卡达（Makada）附体，表演者就要光着身子，只披一张猴皮，在身上涂满污物并以此为乐。他单脚跳跃，并模仿交媾行为。如果要让表演者脱离被附体状态，人们得在他嘴里放一个洋葱或是番茄。娜娜·艾叶沙·卡拉马（Nana Ayesha Karama）是引起眼痛和天花的神灵，扮演她的人要穿红白相间的衣服，头上扎两条毛巾。她会拍手，到处跑，席地而坐，给自己挠痒，双手抱头，因为别人不给她糖吃而哭泣，跳一种轮舞，打喷嚏，[1]然后消失。

　　无论是在非洲还是在安的列斯群岛，观众们都会围观表演者，给他鼓劲，为他递上扮演神灵所需的传统工具；而表演者则依据他对所演角色个性与生平的了解，通过回忆他以前见过的法事场景，完成对角色的演绎。尽管他处于谵妄状态，但并不会因此而恣意妄为、随意发挥，而是会依照人们的预期行事，仿佛对自己要做什么了然于心。阿尔弗雷德·梅特罗[2]通过分析伏都教附体现象的进程与性质，指出附体首先需要主祭接受附体的清醒意愿，还有引发附体的适当方法，以及附体进程中的仪式色彩。"暗示"甚至是"模仿"的作用毋庸置疑，但大多数时候表现为主祭对神灵附体的急切期盼与召唤，是加速附体发生的手段，也提高了主祭承受附体的能力。由暗示和模仿所引起的狂热、昏沉及意识消失，有助于真实昏迷（这意味着神的出现）的发生。这与儿童的模仿行为具

1　这是一种驱逐附体神灵的仪式。
2　Alfred Métraux，知名民族志学者，对海地传统的伏都教有深入研究。——译者注

有显著相似性，作者总结道："通过观察某些仪式进程，人们会不自觉地将它们与孩童的模仿游戏做对比。例如，孩子想象自己是印第安人或某种动物，并利用服装或道具佐助自己的这番想象。"[1] 不同的是，祭祀仪式中的模仿并非游戏，它能引起眩晕，属于宗教范畴，具备社会功能。

回到关于佩戴面具的问题上来，面具出现在附体过程中，促成人们与祖先、鬼魂和神灵的交流。面具在其佩戴者身上引发暂时性的狂热，使他相信自己正在经历某个关键转变。总之，面具有助于释放本能冲动，促成骇人而不可战胜的力量出现。面具佩戴者也许一开始是清醒的，但很快便不能自已，心醉神迷，完全陷入由自身模仿行为所引起的恐惧与混乱之中。乔治·比罗[2] 曾写道："个体不再认识自己，他的喉咙发出恐怖的、非人的喊叫，那是野兽或神明的叫声，是战斗力量、创世激情和无限法力的彻底流露。此刻，他相信自己已经具备附身于他、他所成为的那个神灵的法力。"[3] 在非洲短暂的黄昏中，人们热切期待面具的出现，达姆达姆鼓敲出具有催眠效果的鼓点，"鬼神们"蜂拥而至，他们踩着高跷，大步跨过高高的草丛，发出不寻常的恐怖喧嚣，其中混杂着口哨声、

---

[1] 阿尔弗雷德·梅特罗，《附体的仪式表演》（"La Comédie rituelle dans la Possession"），载于《第欧根尼》（*Diogène*），第 11 期，1955 年 7 月，第 26—49 页。
[2] Georges Buraud，法国人类学家。他在著述中将"斯芬克斯的脸"作为面具的起源。——译者注
[3] 乔治·比罗，《面具》（*Les Masques*），巴黎，1948 年，第 101—102 页。

喘息声、响板震耳欲聋的敲击声。

　　面具佩戴涉及对宇宙能量盲目、过度的分享所导致的眩晕，涉及突然显灵、转瞬即逝的兽神，还涉及散布惊恐与不安的纯粹狂热。尤为重要的是，"神显"发挥了初级治理工具的作用，面具成为制度化的存在。多贡人中形成了一种真正意义上的面具文化，整个社会的公共生活都浸淫其中。另外，在这种尚处于初级阶段的公共体中，有入会仪式和独特面具的男性社团孕育了政治权力的雏形。面具是秘密社团的工具，用于恐吓未入会者，掩护同党身份。

　　入会仪式及成人礼通常是向新人揭示面具纯人为性质的契机。从这个角度看，入会仪式是一场关乎无神论、不可知论的否定式教育。它在揭穿一场骗局的同时，也在为这场骗局招募共犯。在此之前，青少年是受面具恐吓的对象。当面具佩戴者扬着鞭子在他们身后追赶时，启蒙者示意他们大胆地抓住面具佩戴者，将他制服，并卸下他的武器、撕碎他的伪装、揭开他的面具。青少年这才发现，面具佩戴者不过是族中长辈而已。自此，这群青少年便迈入另一个阵营。[1] 被恐吓的对象变为恐惧制造者。他们佩戴面具，往身上涂抹白色染料，装扮成逝者的灵魂，去恐吓那些未入会者。他们有权斥责、打劫那些落到他们手里或是他们认为有罪的人。他们常常组建半秘密性质的社团，或是通过二次仪式加入某个已

1　H. 让梅尔对这种反转的机制有出色的描写，见其著作《库罗伊和库瑞忒斯》（*Couroi et Courêtes*），里尔，1939年，第172—223页。我在本书"文献"部分第214页引用了他对上沃尔特（Haute-Volta）的博博人（Bobos）的描述。

有的社团。与首次入会仪式一样，这种二次仪式同样设有虐待和考验，导致或真或假的强直性晕厥，存在对死亡与复活的模仿。如同首次入会仪式，二次仪式让新入会者明白，所谓神灵，不过是乔装打扮之后的人，"神灵"低沉的"嗓音"实际上是强有力的响板声。也正如首次入会仪式，二次仪式赋予了新入会者捉弄未入会者的特权。每一个秘密社团都拥有独特的标志与佩戴面具的保护神。层级较低的社团的成员认定上一级社团的保护神是超自然的存在，而他非常清楚自己所在社团保护神的真实性质。[1]在贝专纳人（Betchouana）中，有一个名为"motapo"（秘密）的社团，是以举行入会仪式的茅屋命名的。它聚集了一群脱离普遍信仰与大众恐惧的躁动青年，他们通过恐吓和暴行，强化未入会者的迷信与恐惧心理。可见，模仿与出神这一令人眩晕的组合，有时会转向故意的欺骗与威胁。一种特殊的政权由此而生。[2]

---

1 参见汉斯·希梅尔黑贝尔（Hans Himmelheber），《荆棘丛》（*Brousse*），第3卷，利奥波德维尔，1939年，第17—31页。
2 参见 L. 弗罗贝尼乌斯（L. Frobenius），《非洲的秘密社团与面具》（*Die Geheimbünde u. Masken Afrikas*），皇家利奥波丁·卡罗琳德国自然研究院论文集，第74卷，哈雷，1898年；H. 韦伯斯特（H. Webster），《原始秘密社团》（*Primitive Secret Societies*），纽约，1908年；H. 舒尔兹（H. Schurtz），《年龄阶层和男性社团》（*Alterclassen und Männerbünde*），柏林，1902年。部落青年的入会仪式与秘密社团的入会仪式，两者原则上是有区别的。但当一个社团足够强大，吸纳了群体中几乎所有的成年人时，两种仪式将合而为一（H. 让梅尔，同上，第207—209页）。让梅尔还在书中描述（第168—171页），据弗罗贝尼乌斯称，与生活在尼日尔通布图西南部的农渔民博索人（Bosso）一样，库曼（Kumang）面具社团同样以无情、隐秘和制度化的手段行使最高权力。让梅尔将库曼族的重要仪式，与柏拉图所描述的亚特兰蒂斯十位国王相互审判、宰杀拴在山铜柱上的牛作为（转下页）

当然，秘密社团的际遇各不相同，有的专司神秘仪式及舞蹈，有的负责治理通奸、偷盗、黑巫术及投毒事件。塞拉利昂的"战斗者协会"[1]分设地方组织，负责下达并执行判令，镇压叛乱，平息族间仇杀，维持当地和平。班巴拉人（Bambaras）的科摩组织（komo）"万事皆知，匡正一切"，如同三K党[2]的非洲版雏形，给民众带来持续恐慌。面具社团维系了社会风纪，我们可以毫不夸张地断言，眩晕与模仿的组合——至少是它们的直接衍生物，即骇人的模仿与具有迷信色彩的恐惧——再次表现为原始文化的根本动因而非偶发因素，是对原始社会运行机制的最佳注解。面具与恐慌，两者彼此交织，持续且共同出现，分别或同时在节庆（当时社会的最高联结形式）中、在半魔法半宗教性质的实践中、在尚未定型的政治工具中占据核心地位，发挥关键作用。

我们是否可以由此推断，人类社会向真正意义上的文明过渡的过程，亦即眩晕与模仿的组合在社会关系中的至上权威被逐渐消弭，被竞争与机运的组合取而代之的过程？不管是作为原因还是结果，先进文明成功走出原始混沌，每每伴有眩晕与模仿的组合影响力的明显下降。它们失去先前的优越性，退缩到公共生活的边缘地带，发挥着日渐式微的间歇

（接上页）献祭的仪式［见《克里提阿斯》（Critias）120B］相比。我在本书"文献"部分第216页引用了这段描述。
1 《泰姆奈族的波罗社》（Le poro des Temme），参见H.让梅尔，同前，第219页。
2 Ku Klux Klan，美国奉行白人至上主义的恐怖组织。——译者注

性作用。有时，这一组合甚至被抹上无法见光的犯罪色彩，或是被限定在受规则约束的游戏等虚构领域。尽管它们依然能为人类带来亘古不变的满足感，但这种满足感是有限度的，仅仅使人从百无聊赖或繁重劳作中得以解脱，而不再使人产生精神错乱或谵妄。

第八章

竞争与机运

在混沌社会中，佩戴面具者（自知）成为神灵与力量的化身。这是建立在模仿与出神这一强大联合之上的原始文化的特征。佩戴面具的现象遍布世界，它是一种必然而有威慑力的权宜之计，直到人类社会开启一段漫长、艰难但不可逆转的决定性进程。这段进程的终点，恰恰就是文明的诞生。

*

毋庸置疑，如此大规模的变革不可能一蹴而就。此外，变革总是发生在新文化登台之前的过渡阶段，长达若干世纪，可直接感知触及的仅有变革的尾声部分。就连记录这场变革的最古老的文献，也很难复原引发变革的最初抉择。这些抉择并非轰轰烈烈，不会立竿见影，甚至事出偶然，却使得少数群体投入一场决定性的冒险之中。初始状态（依据原始人的一般生活方式想象）与终极状态（在传世作品中得以重现）之间的差异足以证明，只有经历和模仿与眩晕组合的权威的漫长斗争，社会进步才有可能发生。

模仿与眩晕的组合余威尚存，与其对抗的斗争本身也有迹可寻。斯基泰人（Scythes）和伊朗人曾利用使人陶醉的大麻蒸汽达到出神状态，《亚什特》[1]第19、20篇因此将阿胡拉·马兹达[2]描述为"既未昏迷，也无需大麻"。印度人持有对神秘飞升的信仰，但《摩诃婆罗多》[3]（V.160, 55 sq.）中有文记载，"我们也可以飞向天空，形态万变，却是通过幻想的方式"，完全将真正的神秘飞升与法师所谓的飞天变身区别开来。众所周知，瑜伽的苦修、用语和隐喻，很大程度上受益于萨满神话与实践。两者之间高度相似，似乎存在直接关联。但是，两者作用的方向完全相反。瑜伽强调的是出神能力在精神层面的内化与转换，并非对世界空间的虚幻征服，而是从世界所构成的幻象中解脱。瑜伽的目的不在于制造意识恐慌，使人成为紧张胁迫下的服从者，而是通过有讲究的练习，提升人的自控能力。

中国西藏也有关于萨满活动的记录。喇嘛可呼风唤雨，遨游天际。他们身着骨衣，跳神施法，使用夹杂着拟声词、

---

[1] *Yasht*，以阿维斯陀语写成的琐罗亚斯德教经典，是《波斯古经》的一部分，内容为对善神们的歌颂。"亚什特"意为"赞美""祈祷"。——译者注
[2] Ahura Mazda，琐罗亚斯德教神话中的至高之神。——译者注
[3] *Mahabharata*，古印度著名的梵文史诗，成书于约公元前3世纪至公元4世纪，讲述了般度族与俱卢族为争夺主权的战争。——译者注

一般人无法理解的语言。刘安、李少君等道士和方术之士可以飞上九霄,牵引彗星,平步彩虹。但这些令人生畏的传说并不阻碍批判性思潮的发展。王充指出,所谓死者附身于活人,以活人之口发声,或是"拉扯巫师的黑色绶带"使其代为发声,都具有欺骗色彩。《国语》记载:昭王问于观射父,曰:"《周书》所谓重、黎实使天地不通者,何也?若无然,民将能登天乎?"观射父于是向昭王解释这一现象的精神内涵,指出内心正直、专注不贰者,智慧可比于天地,通达四方。作为官员,由他们来安排祭祀时祭位的尊卑次序,确保祭品与祭器合宜,规定四时祭祀应着服装,"各司其序,不相乱也"。[1]

曾经承受附体、眩晕、出神的萨满,转变为官员、朝臣、司仪,负责仪礼施行、权威立范,无疑是变革完成的极佳写照。

(一) 过渡

如果说以上事例仅能说明在印度、伊朗和中国,原本用于追求眩晕的手段是如何演变为监督与控制手段的,如果说这些只是零星参照,那么更多文献则更直观地体现了这一至关重要的转变的不同阶段。乔治·杜梅齐尔[2]的研究表明,印欧世界两种体系之间的反差长期以来都明显体现在两种权威

---

[1] 出自米尔恰·伊利亚德《萨满教:古老的出神术》一书第359、368、383、387、396—397页。不过,这些事例在原书中被用来证明萨满术的价值。

[2] Georges Dumézil,法国著名宗教史学家,新比较神话学的创始人。——译者注

形式的对立中。对立一方是立法精神。这一最高主宰促使人们遵循合同，崇尚精准、沉稳、缜密、谨慎，凭借制度化手段维护标准、法则及规范，通过必然是公正、协约性质的竞争模式发挥作用。在竞技场上，它表现为持相同武器者的一对一格斗；在古罗马法庭，它表现为不偏不倚的依法执法。对立另一方是狂热状态。它同样是最高主宰，以神启形式出现，难以预测，令人惊恐，使人无措。它是幻术与变身的高手，也是无法无天的面具佩戴者们的主使与后盾。

有序治理与狂热闪念，这两种权威之间存在持续竞争，此消彼长、不断变迁。日耳曼世界向来更青睐眩晕之神。据不来梅的亚当[1]称，奥丁（Odhin）之名意为"狂暴"。在神话中，他是一个不折不扣的萨满。奥丁拥有一匹八足马，而直至西伯利亚地区都有关于八足马是萨满坐骑的例证。奥丁可以变身为任何动物，瞬间转移到任何地点。他的眼线是两只超自然的乌鸦，一只叫福金（Huginn），另一只叫雾尼（Muninn）。为了获得具有法力的秘语卢恩文，奥丁在树上吊挂了九天九夜。他是法术之父，与密米尔（Mimir）的木乃伊头颅交谈。尤其是，他施展的"塞德魔法"（seidhr）（他因此而受到指责）纯属萨满法术，使用致幻音乐、特定的仪式服饰（蓝色外套、黑色羊羔皮帽、白色猫皮、权杖、鸡毛垫子），神游彼世，伴有助手的殷勤合唱，产生昏迷、出神和预卜。此外，可变身为野兽的北欧狂战士"巴萨卡"

---

[1] Adam de Brême，德国中世纪历史学家。——译者注

（berserkers），也与面具社团直接关联。[1]

如果说两者的初始状态相同，那么，与日耳曼世界相比，发生在古希腊的这一场变革则是迅速而彻底的，其规模与进度堪称奇迹。这一点，有相对而言较为充裕的文献记录为证。之所以用"奇迹"一词，是因为我们不能忽略：变革追求秩序、和谐、分寸，促成各种仪式与殿宇的繁盛发展，以及逻辑与科学观念的形成；而产生变革的背景却有着传奇色彩——古希腊神话充满各式拥有魔力的舞神和匠神，如独眼巨人（Cyclopes）和库瑞忒斯、众卡比洛斯（Cabires）、达克堤利（Dactyles）或科律班忒斯（Corybantes），这些骚动而可怕的半神半兽面具团伙与半人马群体一样，一直被视作非洲奥义社团的对等物。斯巴达青壮年拥有变狼幻想，一心想成为狼人，正如赤道非洲地区的豹人和虎人。[2]

在化狼阶段（cryptie），无论他们是否屠杀奴隶，斯巴达青年都必须过一种与世隔绝的隐蔽生活，不能被人看见或

---

[1] 乔治·杜梅齐尔，《密多罗伐龙那》（Mitra-Varuna，关于主权的两种印欧表现形式的论文），第2版，巴黎，1948年，尤其见第2章，第38—54页。另一篇同类型的材料来自《论印欧人的战争作用》（Aspects de la fonction guerrière chez les Indo-Européens），巴黎，1956年；斯蒂格·维坎德（Stig Wikander），《雅利安男性社团》（Der arische Männerbund），隆德，1938年；米尔恰·伊利亚德，同前，第338、342、348页；关于魅力型权威（阿道夫·希特勒）在19世纪的再次出现，参见罗歇·凯卢瓦，《本能与社会》（Instincts et société），巴黎，1964年，第7章，第152—180页。

[2] H. 让梅尔，《库罗伊和库瑞忒斯》，里尔，1939年。书中积累了大量这方面的材料，我从中借用了几个事例。读者可以在该著作540—568页找到关于斯巴达人变狼幻想的文字，在第569—588页找到关于来库古和阿卡狄亚信仰的文字。

与人相遇。这绝非任何军事训练，与古希腊重装步兵的作战方式毫无关联。青年像狼一样生活，像狼一样发起进攻：孤身一人，出其不意地如野兽般一跃而起。他可以肆无忌惮地偷盗杀戮，只要不被逮住就可以免受责罚。变狼考验如同入会仪式，既有危险，又有益处，可以让新信徒获得如狼一般行动的能力与权利。他被狼"吞噬"，又"重生"为狼；他冒着被狼撕碎的风险，从而获得把人撕碎的资格。

在阿卡狄亚的吕凯昂山（mont Lycée），也就是传说中宙斯缔造狼人社团的地方，谁能把孩童的血肉和其他肉类混着吃下去，谁就能成为狼；另一种变狼方式是让信徒游过一片池塘，当他在荒无人烟之境登岸时，将变身为狼，过九年的狼族生活。阿卡狄亚的来库古（Lycurgue）——他名字的含义是"造狼者"——追逐年轻的狄俄尼索斯，并用一种神秘的工具威胁他。这种工具能发出骇人巨响，"如地下响鼓，如逼人闷雷"——斯特拉波[1]如此描述。不难看出，这种巨响来自响板，而响板恰恰是面具佩戴者的通用工具。

我们有充分的理由将斯巴达的来库古和阿卡狄亚的来库古挂钩。曾经导致恐慌的超自然神显，在公元前6世纪至前4世纪间变为绝佳的立法者：曾经主持入会仪式的巫师，变身为教育者。同样，拉栖代梦[2]的狼人也不再是在青春期过着野蛮非人的生活、被神灵附体的野兽，而是成为某种意义上的政

---

1 Strabon，古希腊地理学家、哲学家和历史学家。——译者注
2 Lacédémone，古希腊城市名，斯巴达的发源地。——译者注

治警察,专职出征讨伐,将统治的民众维持在敬畏与服从状态。

  古老的出神危机,现在被用于冷酷的镇压及恐吓。变身与昏迷成为前尘往事。模仿仍保有神秘色彩,是军事化共和国的统治手段之一,通过强硬机制将民主与专制巧妙融为一体。处于统治地位的少数人——尽管其内部已采用另一套新秩序的法则——仍旧在使用"古传配方"奴役处于被统治地位的多数人。

  这一惊人变革具有重大意义,但它仅是一个特例。同一时期,在古希腊各地,酒神节依然是通过舞蹈、节奏和醉酒等方式,使信徒进入出神、麻木和神灵附体状态。但此时的眩晕与模仿已雄风不再,远不是城邦所提倡的核心价值,只是对古早传承的维系。肉身静止不动而精神入地上天的现象,现在仅存于人们的追忆之中。普洛孔涅索斯的阿里斯忒阿斯(Aristéas de Proconnèse)的灵魂被神摄走,幻化为乌鸦守候在阿波罗身旁;克拉佐美尼的赫尔摩底谟(Hermotimus de Clazomènes)常年弃用肉身,积累预知未来的能力;克里特岛的埃庇米尼得斯(Epiménide de Crète)在伊达山(mont Ida)的神圣岩洞中禁食、出神,从而获得诸多神力;先知兼医者阿巴里斯(Abaris)骑金箭在空中飞行。在诸如此类的传说中,哪怕是最完整、最深入人心的故事,也已显现出与初始意义截然相反的转折。闯入地狱的俄耳甫斯(Orphée)未能从冥府带回亡妻。人们开始意识到,死亡是不可挽回的,任何魔法都于事无补。在柏拉图的著作中,潘菲利亚的厄尔

(Er le Pamphilien)的神游不再是一场富有戏剧性的萨满历险，而是哲学家借以阐释宇宙定律与命运法则的寓指。

*

面具曾经拥有的两大功能——导致出神的变身功能，以及作为政治工具的统治功能——经历了缓慢、曲折、不规律的消失过程。面具曾是优越性的最佳象征，在面具社团，全部问题就在于是戴上面具去恐吓别人，还是不戴面具而受人恐吓。更为复杂的组织同样会依照入会等级高低，划分恐吓他人的权力与接受恐吓的义务。信徒每进入一个级别更高的组织，都将获知一个更为神秘的面具奥义，知晓那些恐怖的超自然现象其实并不存在，无非是人为乔装打扮而已，正如他本人佩戴面具去恐吓未入会者或低级别信徒那样。

面具是如何走向没落的？人们为何又如何弃用面具？民族志学者对此似乎并不关心。实际上这些问题至关重要。我在此提出自己的假设，以求抛砖引玉，探寻不同文化、不同情境下多元化、不兼容的演变路径，体现不同演进的共同动因。入会及面具体系运行的前提条件是：洞悉面具的秘密，以及使用面具（从而达到神化的昏迷状态或恐吓他者）的权力，两者之间长期保持精准并发——只有知晓面具及其佩戴者的真实属性，才有权力同样佩戴面具。认知与运用紧密结合。能佩戴面具的人，不再经受面具的惊扰，至少不会经受来自同一层级的面具施压而产生对神显的敬畏。然而，人们很难不知晓面具的真相，至少不会长期不知晓。这是面具体系的永恒缺陷，因此必须设定一系列禁令与惩戒，以防未入会者的好奇打探。这些禁令与惩戒再现实不过：死刑是防范秘密外泄的最佳利器。由此可见，尽管有出神和附体所带来的深刻体验，面具体系依然是脆弱的，需要持续保护才能避免偶发的泄密、不敬的质疑、大胆的揣测和冒犯的解读。尽管面具与装饰的制作及佩戴依然保有神圣色彩，却渐渐失去了可招致重大刑罚的禁令保护。它们悄然不觉地转化为礼仪装饰，成为仪式、舞蹈及戏剧的道具。

最后一位利用面具维系政治统治的人，大约是呼罗珊（Khorassan）的"穆盖奈尔"（即"蒙面先知"）哈金（Hakim al-Moqannâ）。公元8世纪，伊斯兰教历160年至163年间，他在与哈里发军队的斗争中长期处于不败之地。他面戴绿纱（又说黄金面具），从不摘下。他自诩为神，声称他之所以要遮掩面庞，是因为任何凡夫俗子一旦目睹他的真容都会失明。这番说辞招来他的敌手的热议。编年史家——即哈里发的史官们——写道，穆盖奈尔之所以掩面，是因为他秃头独眼、奇丑无比。穆盖奈尔的信徒恳求一睹其真容，以证他所言为实。穆盖奈尔于是向他们展露面容，一些信徒果然被灼伤，其他信徒则心服口服。但是，正史对这一奇迹做出解释，揭穿（或是编造）了其中原委。最早的文献资料之一，由阿布-巴克·穆罕默德·本·贾法尔·纳尔沙希（Abou-Bak Mohammad ibn Dja'far Narshakhî）于332年写成的《布哈拉的地形和历史描述》（*Description topographique et historique de Boukhara*）中记载[1]：

穆盖奈尔的五万名士兵齐聚于城堡前，纷纷俯伏在地，请求一睹其真容，未果。士兵祈求不绝，声称未睹尊容绝不离开。穆盖奈尔于是吩咐一个名为哈杰布（Hadjeb）的仆人："去告知我的造物们，摩西曾要求见我面容，而我拒绝，因我深知他将无法承受。如若有人目睹我真容，定会即刻身亡。"士兵听后，求见之心反而更切。穆盖奈尔遂称："汝等择日再来，我将露面。"

百名女子与穆盖奈尔共居城堡中，多为粟特（Soghd）、凯什（Kesh）、纳克沙布（Nakshab）的农民之女。穆盖奈尔令众女子每人持镜一枚，聚于城堡之顶，（并令她们）两两相对而立，在光照（最强）时举镜对照……众人聚集。光照受镜面反射，发出灼眼之华，泛于四方。穆盖奈尔口谕仆人："去告知我的造物们，此乃汝等之神显圣，令其瞻仰！"众人被华光震慑，纷纷伏倒在地。

如同恩培多克勒[2]一样，哈金战败后意欲消失于无痕，使

---

[1] 我援用了 M. 阿克纳（M. Achena）为我翻译的一段文字，节选自纳尔沙希的波斯语著作（写于伊斯兰教历 574 年）。在古兰姆·侯赛因·萨迪吉（Gholam Hossein Sadighi）的论文《伊斯兰教历第二和第三世纪的伊朗宗教运动》（*Les Mouvements religieux iraniens aux IIe et IIIe siècles de l'Hégire*，巴黎，1938 年）中，有关于哈金的详尽评述。

[2] Empédocle，公元前 5 世纪的古希腊哲学家、自然科学家。相传他跳进火山以使人相信他已成为不朽的神灵。——译者注

人相信他已升空而去。于是，他毒死那一百名女子，并将仆人斩首，自己则赤身裸体跳入满是生石灰的裂谷（又说水银炉、硫酸槽、炼铜炉、制糖炉、沥青炉等）。这一伎俩同样被编年史家揭穿。尽管余威尚存（哈金的信徒对其神性笃信不疑，始终坚信他未亡，呼罗珊因此长期动乱），但面具统治从此雄风不再，被视为骗局花招。

*

实际上，当人们开始形成宇宙观，认为宇宙有序且守恒，没有奇迹与变身的时候，模仿与眩晕的统治便已走上穷途末路，不再是备受推崇的主流文化倾向。宇宙具有规则性、必然性，可以量化，属于数的领域。在希腊，这场变革的影响已渗透至细微之处。最早的毕达哥拉斯学派使用名数（nombres concrets），认为数拥有形象，有的是三角形，有的是正方形，有的是长方形；也就是说，数字可以用三角形、正方形或长方形表示。名数更像是骰子和多米诺骨牌上那些点的组合，而不是除了指代数字本身以外毫无其他含义的符号。此外，名数描述了三个协和音程的关系，还被赋予不同的美德内涵，对应婚姻（数字3）[1]、正义（数字4）、机会（数字7）等概念。但是，这种带有定性性质的计数方式（它使人意识到某些特殊数值序列的显著特质）很快便衍生出不名

---

[1] 据查，应为数字5。——译者注

数（la série abstraite），与数秘术（arithmosophie）相斥，单纯用于计算，因此可被作为科学工具使用。[1]

数字与测量，及其所主张的精准原则，与出神和模仿所引发的痉挛和过激格格不入，却有利于使竞争和机运上升为社会运转原则。古希腊社会摆脱面具社团，用安静的仪式列队取代狂热的古老节日，针对预言者的谵妄确立德尔斐（Delphes）协议，为有规则竞争和抽签赋予了制度价值。通过创办大型游戏（奥林匹克运动会、地峡运动会、皮提亚竞技会、尼米亚竞技会），以及城邦执政官的选任方式，竞争与机运的组合在公共生活中取得优势地位。而在混沌社会中，占据此优势地位的是模仿与眩晕的组合。

体育场游戏开创了一种有蓝本意义的竞争模式。这种竞争是有限度、有规则的专项竞争，不夹带仇恨情绪或个人恩怨。这种新形式的竞争提倡忠诚大度，推行并尊重仲裁，其文明教化作用屡屡彰显。事实上，盛大而庄重的游戏几乎出现在所有伟大的文明中：阿兹特克人（Aztèques）的回力球游戏业已发展成为有国王及王室列席的节庆仪式；中国的射箭比赛用于评定与训练贵族，正确的射箭方式、对处于劣势地位的对手的鼓励，往往比比赛结果更为重要。在信奉基督教的西方国家，比赛也有类似功能：它使人明白不分对象、不择手段的胜利并不光荣，只有在获胜机会均等、对手彼此尊重、

---

[1] 艾米尔·布列赫（E. Bréhier），《哲学史》（Histoire de la philosophie），第1卷，第1分册，第5版，巴黎，1948年，第52—54页。

必要时互相协助的条件下,按事先约定的方式、地点、时间展开竞争并获得胜利,才是理想状况。

行政管理的发展也是竞争因素影响面得以扩大的有利条件。有越来越多的公职人员是通过竞争和考试选拔而来,以便将最合适、最胜任的人引入官僚体系,亦即"晋升体系"(cursus honorum)或"官阶"(tchin)。在这一体系中晋级必须符合特定标准,由独立的评审团把控。官僚体制是竞争的载体,使其成为行政、军事、大学、司法等领域的人事选任主导原则。竞争因素渗透至多种机构之中,起初并不明显,仅涉及卑官微职,其他官职仍沿袭长久以来的用人方式,由指任、出身或运气确定。有时,理论上是竞争选拔,但由于考试性质或评审团的组成,高级军衔、外交或行政要职等常由某个阶层垄断。这个阶层的定义并不明晰,但属于该阶层的人都强调身份,彼此相护。尽管如此,民主的进步恰恰就是公平竞争、权利平等的进步,以及随之而来的条件相对平等。这样才能在实践中显著提升司法平等的实效,而不是仅仅停留在抽象概念的层面上。

*

在古希腊,最早的民主理论家还以一种看似奇特、实则完美的方式(如果考虑到其中的新意的话)解决了一个难题——他们认为,"选举"不过是贵族的花招或权宜之计,以抽签方式选任执政官才是最公平的做法。

亚里士多德尤其如此论辩，他的论点也与普遍实践相吻合。在雅典，几乎所有的执政官都由抽签产生，只有将军与财政官等技术型官员除外。议会成员由各个区推举的代表在通过入围考试后抽签产生。相反，彼俄提亚同盟的代表却是由选举产生，原因很明显：当所涉地域广袤、参与人员众多，不得不采取代表制时，选举这种方式更受青睐。用白豆代表神意同样被视为典型的公正方式，是抵制寡头政治家或谋反者阴谋操纵的不二法则。民主，在其形成之初，就是这样摇摆于竞争与机运这两种截然不同的公正手段之间，极富启发意义。

竞争与机运之间不期然的较量，突显了两者之间的深层关系。两者为同一个问题提供了截然相反而又互为补充的解决方案，这个问题便是如何确保所有人都站在同一条起跑线上。要么大家都同意以完全被动的姿态服从命运的中立判决，弃用个人能力；要么大家都各尽所能，开展公平竞争，以无可厚非的方式证明自己的优越性。

事实上，最后胜出的是竞争精神。好的政治制度，在于确保每一个候选人都拥有同等的拉取选票的法定可能性。另一种普遍存在且合乎逻辑的民主概念是，将党派之争视为一种体育竞争，理应具备体育馆、比武场、拳击台上的比赛的大部分特点：有限竞争、尊重对手、服从裁判、公平公正，以及判决下达后对手之间的真诚合作。

综而观之，一旦社会制度摆脱模仿与眩晕的影响，那么不仅在制度层面,整个公共生活都建立在竞争和机运尚未稳定的动态平衡之上。

(二)才干与运气

希腊人在用于指代"人和意识"[1](这是建立新秩序的基础)的词语出现之前,就已经在使用一整套明确概念,用于指代"幸运"(tyché)、命中注定的"份额"(moira)、"机缘"(kairos)——命数中不可更改、不可逆转、失不再来的机会。人的出生,就像一场无法回避、贯穿人生始终的大型乐透游戏中的一张彩票,为每个人赋予了先天禀赋或社会优势。此类概念的影响范围超乎想象,有十分鲜明的表现。美洲中部的印第安人虽然在若干世纪之前就已经被基督教化,但他们依然认为,人的"宿命"(suerte)在出生时写就,决定了个体的性格、才能、弱点、社会地位、职业,以及运气——也就是成败命数和利用机会的能力。在这种情况下,任何抱负都是徒劳,也不存在任何形式的竞争。人的一生,只不过是遵循命运写就的轨迹而已。[2] 竞争——对胜出的渴望,正是这种极端宿命论的对冲。

---

1 马塞尔·莫斯(Marcel Mauss),《人类精神的范畴:"人"的概念,以及"我"的概念》("Une catégorie de l'esprit humain: la notion de personne, celle de moi"),载于《英国皇家人类学会期刊》(*Journal of the Royal Anthropological Institute*),第 68 期,1938 年 7—12 月,第 268—281 页。
2 迈克尔·门德尔松(Michael Mendelson),《国王、叛徒和十字架》("Le Roi, le Traître et la Croix"),载于《第欧根尼》,第 21 期,1938 年冬,第 6 页。

从某个角度而言，政治体制的无限多样性，就来自对两大运作相反的最高秩序的不同取舍。一方面是世袭，即机运；另一方面是才干，即竞争。有人致力于最大限度延续由种姓制度、固化的社会等级、指定或世袭官职所带来的原初性不平等；而另一些人则恰恰相反，致力于加速精英流动，消减原初机运因素的影响，扩大竞争模式的作用范围，使竞争模式本身日趋规范。

这两个极端都不可能彻底消除对方，成为绝对存在。无论由姓氏、财富、出身带来的特权多么强大，怀有壮志才干的果敢之人永存一线希望。反之，在最为公平公正的社会，哪怕不存在任何形式的世袭制度，也无法彻底消除"出身"这一机运因素的影响。例如，父亲的地位很可能影响儿子的职业，父亲为儿子从业提供便利也是自然而然的事。年轻人在某个环境下成长，先决地拥有并可利用一些关系与支持，通晓某个领域的经验与成规，获得父亲的宝贵建议与启发，这样的既定优势很难被完全排除。

*

实际上，在所有具有一定规模的社会中，必然不同程度地存在富裕与潦倒、出名与无闻、权势与苦役的对立。人们宣扬的公民平等只是法律上的平等。机会法则使出身成为强加在每个人身上的无解枷锁，自然延续性及社会稳定性由此得以维系。立法或可对此做出弥补。法律试图建立一种公平的才干竞争，打破特权，匡扶优者。选优过程类似体育竞赛，由具备相应资质的评委评审。即便如此，竞争对手显然不可能都处于同一起点。

财富、教养、学识、家境等外部条件往往具有决定性作用，在实践中冲刷了法律写就的平等。有时，需要好几代人付出努力，才能弥补家族在优越性上的缺失。公平竞争规则成了一纸空文。穷乡僻壤的农民之子就算再聪明，也不可能立刻就与资质平平但出身高贵的首都高官之子同台竞技；大学生的出身情况统计堪称衡量社会流动性的最佳方式，然而统计结果显示，社会流动性低得出奇。

考试、竞赛、奖学金等推崇真才实学的措施的确存在，但它们仅仅是治标之计，常常杯水车薪。它们并非普遍存在的标准和规则，只不过是补救、尝试与托词。当我们直面现实（包括那些自诩为"少有的公正社会"中的现实）便会发现，大体而言，有效竞争仅存在于同一层次、同一出身、同一领域的人之间。这一点基本与社会体制无关——达官显贵之子总是处于更为有利的地位，无论如何都能成为达官显贵。民主社会依然面对一个重大命题：如何有效抹平"出身"这一因素所带来的影响？

当然，公平社会的原则不认同由机运带来的权利与优势，但是，后者在公平社会所发挥的影响丝毫不亚于实施种姓制度的社会。就算采取严格的多重补偿措施，让每个人都处于理想的同一等级，从中推举真才实学者，运气因素依然存在。

运气因素首先表现为遗传的不平等，例如先天禀赋或缺陷。其次，择优考试也总有运气因素存在。例如，一名考生只认真复习了一道题，而这道题恰好就是考题；另一名考生恰恰被问到他所忽略的一题，成绩因此受到影响。可见，竞争本身也存在机运因素。

事实上，运气、机会以及利用机会的能力，在现实生活中持续发挥重要作用。出身所带来的社会与生理优势（如名望、财产、容貌、健康、天赋），与依靠意志、耐心、技能、努力（这些都是才干的表现）所取得的成就，两者之间存在纷繁复杂的相互影响。一方是上苍或时机的恩赐，另一方是努力、执着、才干的回报。同理，在纸牌游戏中胜出，意味着手气与技能等多重优势的结合。机运和竞争既互相矛盾，又彼此依存。两者因恒在的矛盾而对立，因固有的联结而统一。

*

现代社会趋向于通过设立社会原则，以及越来越多地通过社会机制，扩大有规则竞争（亦即才干）的作用范围，降低出身或遗传（亦即机运）的影响。此种变革符合追求正义、理性和启用贤才的诉求。政治改革家因此而不懈努力，创设更为公平的竞争机制并推动其实施。只是他们的努力结果不尽如人意，预设目标显得遥不可期。

每个人到了反思人生的年纪，都会充分领会到自身大势已定，改写晚矣，无法跳脱自身条件的牢笼。若假以才干，也许能对自身条件加以改善，却绝不可能从中彻底挣脱，生活状况不可能发生翻天覆地的改变。人们由此产生了走捷径的诉求，企盼一种立竿见影、可以功成名就（哪怕只是相对而言）的速成法。这种成功只能凭借运气获取，绝不是苦干和才能所能企及。

很多人意识到自己资质平平、难成大器，而其他人更有才、更机智、更健壮、更机敏、更卖力、更有抱负，拥有更好的健康状况或更强的记忆力，更讨人喜欢或更有说服力。他们自知不如他人，因此并不寄希望于可量化的公正较量。他们也会求助于机运，寻求一种对他们而言更为宽容的无差别原则，在竞争中胜出无望，则转向彩票与抽签。因为只有这样，那些愚蠢、懦弱、笨拙、懒惰之人，才有可能与有资源、有能力的人站到同一条起跑线上，共同接受另一种类型的公平原则所做出的随机决断。

在这种情境下，机运再次成为一种必要的补偿手段，如同竞争的天然补充。单一且明确的排名让未入列者走投无路，因此必须设计一条变通渠道。把决断权交到命运的手中，能让人更好地承受并不纯粹或太过残酷的竞争及其不公。此外，它给那些毫无先天优势、在公平竞争中永无翻身之地的人——这些人必然是大多数——带来希望。当出身的机运失去至高无上的古老地位，有规则竞争的影响范围不断扩大，数不胜数的替代机制也同步发展壮大，可以让极少数中选者获得令他们喜出望外的特殊嘉奖。

能满足此目的的首先就是机运类游戏，包括许多看似是竞争的变相机运类游戏。在游戏中发挥基础作用的是赌博与风险因素，以单一或组合形式存在。幸运的玩家可以从这些机运类游戏及考验中获得财富，也许金额不如他的期望值，但光是有期望这一点就足够吸引人。每个人都有可能获得命运的青睐，这种近乎海市蜃楼的可能性，使得卑微者能更好地面对也许终其一生都无法摆脱的平庸条件（除非有好运和奇迹发生）。"奇迹"一直都属于机运范畴，正因为如此，机运类游戏才会持续繁荣。国家也可从中获利，故不顾道德家的抗议而开设官方彩票，作为财政收入的重要来源。民众心甘情愿甚至是满腔热情地投入其中，为国库效力。哪怕国家不出面经营，而是将这份收入来源让与私营机构，也依然可以对各类赌博运营方征收重税。

参与机运类游戏意味着搁置工作，放弃隐忍、节省，转而追求一时好运。这份好运能瞬间带来一生辛苦劳作、节俭克己都无法获得的财富——除非是借助运气或投机，而投机在某种程度上同样属于运气范畴。为了吸引更多参与者，彩票的奖金额度必须足够高，至少大奖要如此；彩票的售价必须足够低廉，且易于拆分，不同阶层的玩家才会趋之若鹜。当然，大赢家一定是极少数，但这只会让最幸运的玩家的所获显得最为可贵。

举例说明：巴黎大赛赌金独赢的赛马赌博（Sweepstake）的大奖金额为1亿法郎，在大部分彩票购买者眼中，这绝对是一笔巨额财富（普通工人的月薪约为3万法郎）。如果按照工人平均年薪40万法郎计算，这笔奖金等同于他工作250

年的工资所得。彩票一张卖18 500法郎，比他月薪的一半还多，超出大部分工薪阶层的承受范围。于是，他们只买彩票的1/10，相当于花2000法郎换取赢得1000万法郎的可能性（等同于他工作25年的劳动报酬）。这种天降横财具有绝对吸引力，意味着个体生活条件的根本性改变——这一点仅凭寻常劳作无法实现，只能由命运恩赐。[1]

这种人为设置的"魔法"效果显著：最新发布的数据显示，1955年内，仅在国营机运类游戏中法国人的消费就高达1150亿法郎，产生税收460亿法郎，相当于平均每个法国人纳税1000法郎。同年，约250亿法郎奖金被瓜分。大奖金额在奖金总额中的占比持续提升，显然也是为引发大众"致富梦"而精心设置。民众对此十分买账，仿佛自己就是下一个幸运儿。

那些一夜暴富的大奖赢家，都会或多或少地被强行拉入非正式广告。当然，报纸可以应赢家要求为其匿名，但社会风气促使报纸对赢家的日常生活和未来计划进行详细报道，仿佛是在邀请广大读者再去碰碰运气。

当然，不是所有国家都以全国性大型彩票形式来开展机运类游戏。失去官方色彩与国家支持，机运类游戏的规模迅速缩减，奖金总额随参与人数减少而下降，赌注与奖金之间的差额不再被无限拉大。但是，奖金额度的减少并不会导致

---

[1] 1956年（本书首次出版当年）的数据，以旧法郎为单位。现在，前三名独赢的赛马赌博（tiercé）的奖金总额已经远远超过了这个数字。这种彩票让赌徒有一种错觉，以为自己可以在一定程度上与命运抗争。

投注总额的减少。

恰恰相反，抽彩不再是重大且稀有的操作，抽彩频次的提高充分弥补了单次赌注下降的缺口。赌场一开门，荷官们便在十几张赌桌旁忙个不停，按照赌场主指定的节奏不断发出轮盘钢球并宣读结果。在世界赌城多维尔、蒙特卡洛、澳门和拉斯维加斯等地，持续流动的现金额也许不像人们想象的那样庞大，但大数定律使赌场主可以从快速不断的操作中获得几乎恒定的收益。一个城市或国家足以从中获得可观而骇人听闻的财富，并露骨地将其转化为热闹的节庆、极度的奢华和渐下的世风。这又形成了一种公开的诱惑，如广告般怂恿人们一试。

赌城尤其会吸引一批短期游客，暂时融入当地刺激、随性的氛围之中，最终又回归辛劳、严肃的日常。赌城为游戏爱好者提供了一处庇所、一个天堂，仿若一座大型妓院或烟馆，得到某种程度的纵容且有利可图。闲散好奇或沉迷成瘾的"流动户"在此驻足，每年700万游客为拉斯维加斯贡献约6000万美金，占内华达州财政收入的40%。游客在赌城的短暂停留不过是他们寻常生活中的小插曲，其文明模式并未受到明显影响。

以机运类游戏为生存之本、收入之源的大城市，彰显了人们追求好运的本能冲动。但最能体现这一强烈冲动的还不是这些特殊的赌城，普通城市里采用同注分彩法的博彩同样吸引了众多参与者。他们甚至可以足不出户地参与，无须亲自到达赛马场。社会学家发现，工人阶层常常组成各种俱乐部，拿出较高的甚至是与他们收入水平脱节的金额参与赌球。[1]这同样也是文明特征的显现。[2]

国家彩票、赌场、赛马场、各类采用同注分彩法的博彩等，都属于纯机运范畴，严格遵循数学意义上的公正性。

实际上，除去运营费用和政府扣款，看似庞大的赌场盈利数目其实与每一个玩家的投注严格成正比。现代社会还有一项卓越的发明，我称之为"变相彩票"：它无须投入赌金，从表面上看是对能力、博学、谋略或其他才干的嘉奖。但这类才干因其性质使然，未能经过客观评估或法定认可。一些文学大奖确实可以给作家带来财富与荣耀（至少在若干年内如此）。其他数千种奖项跟风而起，虽然奖品不值一提，但无一例外都借用了大奖光环。一位年轻女子在逐级挑战数名劲敌之后，最终当选为"环球小姐"，最后成为电影明星或是嫁入豪门。以此为范本，数不胜数、超乎想象的各类女王、小姐、缪斯、女神竞选纷纷效而仿之，胜出者可以在某个赛季享受令人羡慕（但也招人非议）的盛名，入住豪华海滨酒店，享

---

[1] 参阅乔治·弗里德曼（Georges Friedmann），《人类工作将何去何从？》（*Où va le travail humain*），巴黎，1950年，第147—151页。在美国，人们常常拿数字打赌，如赌"每天在华尔街交易的股票总额的最后三个数字"。由此产生了被认为是来历不明的勒索与可观财富。同前，第149页；《破碎的工作》（*Le Travail en miettes*），巴黎，1956年，第183—185页。

[2] 如果一个民族中的大部分人都不太干活、经常游戏，机运类游戏的破坏作用就会发挥到极致，尤其是当他们天天游戏时。这种情况只有在特殊的社会氛围与社会机制下才会出现。这时，整体经济会发生改变，出现独特的文化形式，并理所当然地伴有迷信盛行。稍后我会在本书"补编"部分《机运类游戏的重要性》一章中给出具体事例。读者还可以参阅本书"文献"部分第207页中所给出的数据，即美国和日本的投币游戏机消费数据。

受表面光鲜（但无深层根基）的生活。各类人群都想选出自己的"女王"，没有任何限制，就连放射科医生都选拔出"骨骼小姐"——由18岁的女孩洛伊丝·康威（Lois Conway）当选，她在X光射线下展现了最美的人体骨骼。

这类考验有时需要事先准备。电视上有一种每周播放的节目，谁能答对关于某个领域的一系列问题（问题难度逐级加大），就能获得一笔小小的财富奖励。特定的参赛人选和煞有介事的配套设施，使节目显得庄重严肃；经验丰富的主持人持续与观众互动；一位十分上镜的女郎充当现场助理；身穿制服的干事假装在监督节目组展示在众人面前、令人垂涎三尺的奖金支票；一台电子仪器以不容置疑的方式选取问题；可供参赛者独处，却仍暴露在众人眼前的小隔间，以供参赛者思考酝酿，直到给出具有决定性的答案。出身平凡的参赛者们紧张兮兮地站在无情的"审判团"面前，电视机前成千上万的观众既替他们捏一把汗，又乐于成为这样一场考验的见证者。

从表面上看，这是一场为了测试参赛者知识面而有意逐级提升题目难度的考验，属于竞争范畴。但实际上，它由一系列赌博组成，胜出概率随奖金额度的增加而减少，这也是为什么此类节目常常被命名为"清零或翻倍"（*quitte ou double*）。这样的命名还体现了游戏局面变化快的特点——不出十个问题，游戏风险就变得极大，奖金也变得十分诱人。

在美国，通关者一度成为类似民族英雄的人物，受到媒体与大众的热捧：稔熟意大利歌剧的鞋匠、写得一手好字的黑人小学生、爱读莎士比亚的警官、热衷于研究《圣经》的老妪、精通美食的军人……每周都有新星出炉。[1]

这类由接续性赌博组成的游戏激发了民众的极大热情，有关电视节目广受欢迎，无疑说明它符合一种普遍诉求。如同选美大赛一样，在这方面做文章是有利可图的。突如其来的好运看似是对某项成就的嘉奖，实则是对社会竞争的缺位予以补偿。因为，真正的公平竞争永远只发生在同一阶层、同一生活水准、同一认知水平的人之间。此外，日常竞争严苛无情、单调乏味，无法带来欢愉，甚至令人心生怨愤、饱受折磨、丧失信心。仅凭才干带来的回报很难使人摆脱现有条件，每个人都憧憬一场逆袭，期待一种截然相反的、既激

---

[1] 请参考以下数据：一位据说很腼腆的年轻老师，在14周的时间内，通过回答一系列涉及棒球、古代风俗、交响乐名作、数学、自然科学、探险、医学、莎士比亚和美国革命史等方面的问题，赢得了129 000美元（5100万法郎）。儿童在获奖者名单中占据大多数。精通证券交易的11岁男孩莱尼·罗斯，赢得了64 000美元（相当于2300万法郎）。几天后，10岁的罗伯特·斯特罗姆在一场关于电子学、生理学和天文学的问答比赛中赢得了80 000美元（3000万法郎）。1957年2月，在斯德哥尔摩，瑞典电视台对14岁男孩乌尔夫·汉内茨的回答——他认为萌鱼（*Umbra Krameri*）是一种有眼睑的鱼——提出质疑，斯图加特博物馆立即空运了两个活体标本，英国自然科学研究院则寄来了一部在深海中拍摄的影片，佐证男孩的答案，使得质疑这位孩子的人十分狼狈。这位小英雄赢得了70万法郎，美国电视台还将他请到纽约。舆论为之哗然，媒体则巧妙地维系了这一热度。报纸纷纷宣扬"30秒致富"，长期为此类竞赛开设专栏，配上胜出者的照片，用大号字体打出他们——援用报纸的表述——"一瞬间"赢得巨额奖金。就连最聪明、最用心的理论家，也很难想象出这样一种现成资源和挑战诱惑的杰出融合。

动人心又能立刻带来实质性提升的模式。当然，只要稍加思索就能认清：这样一种竞争所能提供的补偿是微不足道的。由于广告在不断扩大宣传，胜出者的数量比在家"观战"的观众数量少得多。观众们多多少少把自己当成了竞争参与者，以代表（délégation）的方式，陶醉在赢家的胜利之中。

（三）代表

我们谈到一种新情况，接下来将分析其意义及影响。代表是模仿的蜕变与弱化，在以才干与运气的组合为主导原则的世界里，这是模仿的唯一出路。大多数人在竞争中败下阵来或从未登场，他们不具备参赛资格或取胜条件。虽说不想当将军的士兵不是好士兵，但自古以来的事实就是由一名将军指挥千军万马。运气也好，才干也罢，都只会优厚极少数者，大部分人依然只能望洋兴叹。人人都想争第一，这是正义与法律所赋予的权利。然而，人人都知晓或怀疑这一点无法实现，原因很简单：永远只有一个"第一"。于是，人们通过中间人或代表来实现成为胜出者的夙愿——这是唯一一种可以让大家同时都品尝到胜利滋味的方式，且无须付出努力或承担失败风险。

明星及冠军崇拜由此而生，成为现代社会的显著特征。只要体育和电影在现代社会生活中占据一席之地，这种崇拜就在所难免。在这种普遍、自发的崇拜之下，还有另一个虽不明显但极具说服力的动机：明星与冠军提供了令人神往的实例，代表了唯一能幸运降临在最卑微、最贫穷者身上的辉煌。那些完全凭借个人禀赋（如肌肉、嗓音、美貌）取得成功的人，往往得到神一般的热烈崇拜，因为他们所拥有的是无关社会资源、天然而不可让渡的"武器"。

走红并非易事，掺杂着不可预见的机运因素。它很少发生在某人职业生涯的尾声，影响程度也不相同。走红是一系列奇妙而神秘的组合共同作用的结果，包括天赋、不屈不挠的精神、至关重要的机遇，以及抓住机遇的果敢——这是成名的终极条件。偶像在一场艰险复杂的竞争中取得显著成功。在这场无情考验中，他/她必须速战速决，因为他/她所凭借的本钱——连最卑微的人也可以通过遗传获得，也是穷人所能依靠的翻身机会——都是一时的。美貌会消逝，歌喉会沙哑，肌肉会衰退，柔软的身体会变得僵硬。谁不会幻想天赐良机，从此步入荣华富贵的生活？谁不想成为明星或冠军？但是，在抱有这种幻想的芸芸众生之中，有多少人真的去尝试过？有多少人在遭遇第一次挫败后便放弃？有多少人愿意接受挑战？这就是为什么几乎所有人都更倾向于间接地体验成功，把电影或小说里的英雄人物，或是明星、冠军这些真实友善的人物作为中间人。不论采用何种方式，他们都是用中间人——比如当选"选美女王"的修甲女工，在大片中扮演女一号的售货员，在环法自行车比赛中获胜的小店老板之子，身着华服、成为高级斗牛士的修车工——来代表自己。

竞争与机运的组合尤为错综复杂。人人都可自居的某项才能与获得重大报酬的机运结合在一起，可以给任何人带来堪称奇迹的巨大成功。模仿由此发生。通过中间人，每个人都与巨大的成功相关；从表面上看，这种成功有可能降临到任何人头上，实际上，每个人都清楚这种成功的概率只有百万分之一。通过代表，每个人都能抱持成功幻想而无须努力。但如果他想亲自一试，则必须付出艰辛努力，才有可能成为那百万分之一的成功者。

这种肤浅而空泛的身份代入现象普遍存在，历久弥坚，是民主社会的基础补偿机制之一。大多数人只能从代入幻想中获得抚慰，从沉闷、单调、烦扰的日常中解脱开来。[1]这样一种转移——或者说异化——常常导致个体悲剧行为，或是触发波及整个年轻一代的集体歇斯底里。报刊、电影、广播、电视助长了这种臆想。海报和画刊使冠军和明星的形象无处不在并持续发挥魅力。当红偶像潜移默化地影响着众多追捧者，粉丝们打听偶像的喜好、习惯、信条以及生活中的各种鸡毛蒜皮，模仿偶像的发型、习惯、服饰、妆容、饮食等。粉丝通过偶像去感受令他们望尘莫及的生活，又在自己的生活中模仿偶像，把偶像当成了自己。有人甚至无法接受偶像死亡的现实，不愿在偶像去世后苟活——这样的激情崇拜时

---

[1] 关于身份认同的方式、范围和强度，有一篇出色的文章值得一读，见埃德加·莫兰（Edgar Morin），《电影明星们》（Les Stars），巴黎，1957年，第69—145页，基本上都是以明星崇拜为主题、在英国和美国开展的特设问卷及民意调查结果。"身份带入"有两种可能：对异性明星的偶像崇拜，以及对同性、同龄明星的偶像崇拜。后一种崇拜类型更为常见——根据美国电影调查局的数据，后者占比65%（同上，第93页）。

常引发集体狂热或自杀事件。[1]

正所谓习惯成自然。这种狂热崇拜的深层原因，显然不是运动健将的创举或演员的精湛演技，而是一种在冠军和明星身上寻找身份认同的普遍诉求。

*

成为明星意味着胜利与荣光，是对艰辛无趣的日常的改写，对压抑才俊的社会的反抗。偶像的无上荣光，表明成功的可能性持续存在，偶像的成功是每个拥趸所拥有的财富和共同缔造的结果。这种成功有可能随机降临在任何人身上，是对现有等级制度的嘲讽，以一种彻底而轰烈的方式砸碎了"身份"这一道沉重枷锁。[2] 同时，人们也会怀疑明星的成名过程存在可疑、失德或违规之举。因此，这份追捧中有时夹杂着嫉妒情绪，成功被视为野心、伎俩、浮夸或广告的产物。

国王往往能免遭此类怀疑。尽管他们的特殊身份是社会

---

[1] 见本书"文献"部分第218页。

[2] 这方面最显著的例证是最近在阿根廷由伊娃·贝隆（Eva Perón）引起的狂热。她集三大身份于一身：明星（她曾经出入歌厅和录音棚）、掌权者（她是共和国总统的妻子与缪斯），以及劳苦百姓的保护人（她所热衷的角色，为此不惜以个人慈善名义动用公共资金）。她的敌人为了诋毁她在人民心中的形象，指责她穿貂皮、戴珠宝。在布宜诺斯艾利斯科隆剧院举行的一次大型集会上，我亲耳听到她当着成千上万的崇拜者的面，对这些诋毁之辞做出回应。她不否认自己拥有貂皮和钻石——她反而乐于炫耀，于是质问："难道我们这些穷人，就没有富人那种穿貂皮大衣、戴珍珠项链的权利吗？"她的回答激起了经久不息的热烈掌声。通过眼前这位"代表"人物，不计其数的女雇员仿佛都在这一刻穿上了最昂贵的服装，戴上了最珍稀的珠宝。

不平等的最佳写照，媒体与民众依然对皇家人物、宫廷礼仪、公主爱情和王位继让等如追星般着迷。

世袭王权是代代传承的至高权力，其合法性与崇高性互为呼应，被历史赋予了不可撼动的威望，远比一夜成名、一时走红所带来的声望更为持久、稳固。要获得这种决定性的优越地位，只消——正如我们所常说的——生在帝王家，与个人功绩和才干无关。王族之所以享有特权，纯属机运使然，无需任何作为，甚至无关选择与企盼。

因此，对标王族的身份代入相对少见。究其根本，国王序列注定是一个封闭序列，入列与否完全由出身决定。国王不参与社会流动，更无需这种流动性所带来的机遇。恰恰相反，他所代表的是社会滞重、稳固的一面，是对才干与公正的限制与阻碍。王子身份合法性诠释的是赤裸裸的自然法则。是自然法则为他加冕，因命运的盲目选择把一个除了走运以外与普通人别无二致者送上王位，统治众人。

尽管国王与民众之间有一道无法逾越的鸿沟，后者依然会通过想象，将前者最大限度地与普通人拉近。民众眼中的国王是天真敏感的，命中注定为名誉排场所累。人们选择同情而不是嫉妒国王，想当然地认为他无法享受生命中简单的美好，没有恋爱自由权，背负身份所带来的治国理政之责。人们对王室怀有嫉妒与同情并存的复杂情感，如果有国王和王后从路上经过，定会引来众多百姓围观，在为之欢呼的同时努力寻找证明：王族与百姓并无本质区别；王权带来的更多是麻烦与忧虑、疲惫与束缚，而不是欢乐与权力。

国王或王后经常被刻画成渴望真情、坦率、随性、独处，尤其渴望自由的人。"我甚至不能去买份报纸。"英格兰女王1957年访问法国时如是说。这正契合了公众舆论对王室的看法。民众需要相信这一看法基本符实。

媒体将王后和公主视为明星，不过这种明星仅扮演一个固定角色，一个让人压抑、想要逃离的角色——她们是被角色套牢的身不由己的明星。

就算是在公平社会，卑微者也很难摆脱不尽如人意的境地，几乎无一例外地在逼仄的原生环境中终其一生。学校教育他们要有抱负，因为这是他们的权利。但现实生活很快告诉他们那不过是一种幻象。作为替代品，社会用无比光鲜的景象欺哄他们，而他们则通过冠军和明星来体验飞黄腾达的感觉，其中包括那些最不具优势的人。他们借由严苛的王室礼仪提醒自己，王室生活也只有在与寻常百姓生活保持某些共同点时，才称得上是快乐生活，所以被命运选为权贵之最也没有什么大不了的。

这些想法是奇特的矛盾体，具有欺骗性又让人难以割舍。当命运的恩赐有利于卑微者时，人们表现出对恩赐的倚赖；而当命运为权贵之子写就优渥一生时，人们又极力否认恩赐所带来的好处。

*

这种奇特的心态普遍存在，其原因值得探究。它持续作用于某一个特定的社会，新的社会运作体系取决于出身与才干之间的博弈，取决于"让最幸运者获得惊喜"和"让最优者获得胜利"之间的取舍。哪怕是建立在人人平等的基础上并持续追求这种平等的社会中，仍只有极少数人出身于或跻身头等地位。这一地位显然无法包容所有人，除非实施令人难以想象的轮换制。"代表"之计由此而生。

无望步入奢华与荣耀世界的大多数人，通过一种潜在的、良性的模拟，在屈从于现实的同时获得一种补偿。此时的模仿已经泛化、没落，无关面具，不再引起附体或催眠，只是让人产生不切实际的幻想。当众人把目光都投向一个耀眼的主角时，这种幻想便从昏暗的演出大厅或阳光普照的运动场上生发。在广告、报刊和广播的不断加持中，数以万计的受众拜倒在偶像脚下，生活在幻想之中，期待过上舞台和戏剧每天都会向他们展示的华丽生活。尽管面具几乎被弃用，只在少数情境中出现，但无处不在的模仿仍支撑或平衡着主导社会运转的新原则。

与此同时，眩晕的力量更是被削弱，只有其退化的变体（如酒精和毒品引起的狂热）仍在持续发挥强大作用。眩晕本身如同面具、异装一样，仅作为纯粹的游戏存在，有规则、受限制、与真实生活区别开来。模仿与出神的组合的侵略性力量最终被征服，它们在新型社会中只能作为次要因素存在，被视为虚伪、堕落的表现。新型社会因此对它们严加管控，通常不会赋予它们任何权力。

*

综上所述，我们可以得出如下结论：游戏基础动因的组合问题是一个核心问题，由此产生了双重分析。一方面是眩晕与模仿的组合，它指向个体异化，在某种社会类型中占有优势地位。竞争和机运在这一社会中依然存在，但竞争尚不成体系，对社会机制影响极小，常常只是简单的力量比拼或名望之争。"名望"往往源自魔力，具有迷惑性——它因昏迷和痉挛而产生，以面具和模仿为庇护。至于机运，在这一社会中不被视为概率事件，而被视为神灵显圣。

另一方面，是有规则竞争和机运裁定。两者都意味着精准计算，致力于使风险和回报概率均等。它们互为补充，构成社会原则。法的概念由此而生，形成稳定、专断、彼此协同的法典，使公共生活规范发生了深刻改变。罗马格言"有社会，必有法"（Ubi societas, ibi jus），预言了社会和法律之间的绝对关联，显示出社会本身即诞生于这场变革。在这样的社会中，同样存在出神和模仿，但大量事实显示，它们失去了分量，在通常情况下处于次要、无害状态，被驯服或被改变用途，甚至被废黜。但是，它们的引导作用依然强大，随时可以驱使众人进入可怕的迷幻、狂热状态。历史给出了足够多的显著例证，从中世纪儿童十字军东征，到第三帝国时期纽伦堡集会有组织的集体昏晕，其间还有数次跳跃与舞蹈大流行、狂热詹森派教徒、鞭笞派教徒、16世纪明斯特基督徒再洗礼派、19世纪末期无法适应新生活状态的苏族的鬼舞运动（Ghost Dance）、1904 至 1905 年威尔士大复兴运动，以及其他即刻发生、不可抗拒的群体性狂热事件，有时甚至是灾难性事件，与所处文明的基本规范相抵触。[1] 最近发生的代表性事例是 1957 年初斯德哥尔摩的青少年暴乱。尽管这场暴乱规模不大，却显现了一种在沉默与固执中释放的令人费解的疯狂破坏力。[2]

斯德哥尔摩暴乱青少年的过激行为是一种宣泄，既不构成常态，也非时局与命运的必然走势。附体和模仿只会带来难以理解的、短暂的、如同战争般令人恐惧的错乱，在我看来，这是原始节庆的对等物。发狂之人不再被视为附身于他的神灵的代言者。人们不认为他有预知未来或消除疾苦的神力，并一致相信权威来自冷静和理智而不是狂热。狂乱和附身仪式是混沌社会的代表物，始于个人谵妄及大众狂热。只有对此加以抵制，城邦才得以诞生并壮大，人们才能从对宇宙的虚幻掌控（迅速、全面但不切实际）过渡到对自然能量的缓慢但有实效的技术性使用。

然而，谜团远未得到破解。我们依然无从知晓，少数一些文明是如何通过一系列至关重要的抉择，挤过了最狭小的

---

[1] 菲利普·德·费利斯（Ph. de Félice）就此收集了资料，虽不全面但十分中肯，见其著作《疯狂的大众和集体出神》（*Foules en délire, Extases collectives*），巴黎，1947 年。

[2] 参阅伊娃·弗雷登（Eva Freden）发表在 1957 年 1 月 5 日《世界报》上的文章（我在本书"文献"部分第 220 页援用原文）。这些暴乱应该与《飞车党》（*The Wild One*）、《无因的反叛》（*Rebel Without a Cause*）等风靡一时的美国电影有很大关联。

门洞,赢得了最艰难的博弈。这场博弈在历史中引入了一个尚不明晰的愿景。得益于这场博弈,过往权威不再是纯粹的停滞因素,而是转变为创新力量,为进步提供条件:它们成为文化遗产,而不是使人因循守旧。

那些能抓住这一转变契机的群体,从此摆脱了一段既没有回忆,也没有未来的时间。否则,他们只能等待面具造物主的周期性神奇回归。这个面具造物主实际上由人们在固定的时间节点自己扮演,他们完全抛弃意识,陷入骇人的状态。现在,他们转而投入到另一个大胆且富有意义的征程之中,这一征程线性向前,不再周期性回归原点,鼓励永无止境的尝试与探索。这就是文明的征程。

当然,我们不能就此断言,只需历数模仿与眩晕的组合的负面影响,即可证明它本该由才干与运气的组合取代,建立由竞争与机运共治的世界——这属于纯粹的思辨。实际上,这一改变伴随着关键性变革,理应得到正确描述,哪怕它一开始带来的影响并不起眼。这一点不言自明。

第九章

重现于现代世界

如果说模仿和眩晕是人类恒有的倾向，则很难将其从公共生活中消除，仅限定于儿戏和反常之举。我们多番盘点它们的劣迹，规避它们的发生，削减或中和它们的影响，但面具和附体依然代表了足够强大的本能，不得不给予适当满足。这种做法尽管受到限制且无危害，但仍影响广泛，至少开启了一扇大门，使人通往神秘、颤抖、无措、惊恐和狂热所带来的强烈快乐。

模仿与眩晕使狂野力量得到释放，一触即发，随时可能达到危险极点。但是，模仿与眩晕的主要作用力源自两者的组合。因此，驯服它们的最佳方式莫过于拆分它们的作用力，避免两者彼此勾连。非理性的幻象世界因模仿与眩晕、面具与出神的持久结合而得以维系；但是在新世界中，模仿与眩晕不再联合出现，而是彼此分割，作用力被削弱。它们遭到抵制，因为新世界的繁荣发展必须以遏制或化解模仿与眩晕的组合的破坏力为前提。

当社会群体摆脱了模仿与眩晕的组合的蛊惑时，面具必然会失去原有的身份转换功能。面具佩戴者（面具代表了神的形象）不再自认为被可怕神力附体；面具的恐吓对象不再被难以辨识的现身所愚弄。面具本身也改头换面，作用大不同前。实际上，面具发挥了一种全新的实用主义功效，成为作恶者遮掩面容的工具，不是对某种现身的强调，反而是对身份的掩饰，其效果与裹一条头巾别无二致。面具更多被用于在有害环境中保护呼吸道，或是用于供氧——无论如何，都与面具的古早功用相去甚远。

面具和制服

正如乔治·比罗所言，巫师面具在现代社会仅存两个余党：一是半截面具，二是狂欢节怪诞面具。半截面具是面具的极简化，优雅而近乎抽象，长期以来都是情色派对或秘密谋反的象征。它主导着那些挑逗欲望的游戏，刻画出反权者的神秘感。它代表了爱情或是政治世界中不可告人的一面[1]，叫人战栗，让人心神不宁，同时又保证了佩戴者的匿名性，为其提供庇护与解脱。舞会上，佩戴半截面具的两个陌生人搭讪、起舞，实际上就是在展露神秘标识，达成心照不宣的承诺，并因此而产生联结。面具公然解除了社会强加在他们身上的束缚。在一个对两性关系设置多重禁忌的社会里，以

---

[1] 参见本书"文献"部分第 223 页。

一种凶残且冲动的野兽命名[1]的半截面具,往往是不顾常理、打破禁忌的手段乃至宣言。

艳遇如同一场游戏,遵照先前确立的规则,在特定氛围和有限时间内进行,从而与日常生活隔绝开来,原则上不对日常生活产生影响。

狂欢节原本就是一场肆意放纵。与假面舞会相比,狂欢节的易装程度更高,人们由此摆脱拘束,享受自由。色彩夸张、富有冲击力和戏剧性的狂欢节纸板面具,在平民阶层中发挥了半截面具在上流社会中所发挥的作用。狂欢节不涉及风流韵事或是男女之间你来我往、设局与破局的巧妙话术,而是充斥着粗俗玩笑、拉扯推搡、放荡不羁和滑稽逗笑。人们大吃大喝,制造各种热闹的喧嚣。面具使平日克己复礼的人们暂时颠覆了循规蹈矩的日常。狂欢节上,佩戴面具者会走到别人身边,装出一副吓唬人的样子;被恐吓者会予以配合,作惊恐或无畏状。如果有人生气或是拒绝游戏,反而会颜面无光,因为他不懂原有的社会规则已经暂时被新规则取代。狂欢节在有限的时空范围内为出格、暴力、不恭、欲望与冲动提供了宣泄口,把它们引向无伤大雅的欢乐骚动。尽管比罗并非从游戏层面出发,却也准确地将狂欢节描述为一场"滑稽戏"——诚然,神圣模仿经历终极蜕变后成为游戏,具有游戏的大部分特征。它更偏向于戏耍而非技游,具有无序、即兴、混沌和拟态(gesticulation)等特征,纯属耗费精力。

---

[1] 在法语中,"半截面具"与"狼"是同一个词。——译者注

过分的骚动必将受到秩序与规范的限制，狂欢节最终演变为游行、花战和易装比赛。另一方面，当局很快便察觉到面具是触发放纵行为的罪魁祸首，于是，当民众连续十多天的狂热——比如里约热内卢狂欢节——即将超出公职人员的可控范围时，政府便简单地宣布禁止佩戴面具即可。

在文明社会，制服取代了混沌社会中的面具。它恰好是面具的反面，代表着截然不同的规则。面具曾被用于隐匿和恐吓，意味着可怕、多变、间歇、极端力量的出现，既可以激起众多未入会者的敬畏，也可以惩罚他们的不检点行为或过失。而制服却是官方的、常设的化装工具，具有规范性，尤其不会遮盖身穿制服者的面庞。制服使个人成为公正且恒定的规则的代言人与捍卫者，而不是受具有感染力的狂热影响的谵妄者。在面具的遮掩背后，被附体者的面孔往往呈现惊恐、痛苦的表情，而身着制服的官员必须注意使旁人从他外显的面孔上读出理智与冷静，知晓他的唯一任务是执法。面具和制服，一个用于伪装与遮掩，另一个用于宣扬与明示；佩戴面具者和身穿制服者分别维系着截然相反的社会秩序。没有什么比面具和制服之间的强烈反差更能直观体现两种社会之间的对立。

嘉年华

令人感到奇怪的是，除了偶尔使用木铃和手鼓，狂欢节竟然不使用乐器；除了跳轮舞与法兰多拉舞，狂欢节竟然不制造眩晕。它似乎被卸除武器，受到限制，唯一可用的（却是强大的）资源就是面具。眩晕的作用领域在别处，仿佛有一个智者已经小心地将眩晕的力量与模仿的力量分离开来。与狂欢节恰恰相反，游艺会和游乐场不使用面具，却是产生及运用眩晕的集中地。

游艺会和游乐场具备游戏场所的基本特征：小门、花环、围栏、彩灯、旗杆、旗帜以及各式装饰，将这方场所与其余空间分隔开来，勾勒出游戏世界的独有边界，使人远远地就能辨识。迈过这道界线，人们便进入比日常生活更为刺激的世界。这里人声鼎沸，五光十色，消耗精力的躁动持续存在，使人沉迷其中。每个人都会自发地与别人打招呼，试图吸引别人的注意力。这里的杂乱与骚动使人不自觉地摆脱拘束，彼此亲近，变得善谈、随性，到处都洋溢着一种特殊的气氛。此外，游艺会的周期性特征使它在既有空间的分隔之外，还有时间的划分。它如同一个浪头，与波澜不惊的日常生活形成对比。

正如我们所见，游艺会和游乐场是制造眩晕的机器和旋转、摇摆、升降的游戏器械的领地，以刻意制造生理上的惊慌感为目的。其他类型的游戏也在这里竞相出现、施展魅力。气枪游戏和射箭游戏是竞争和技巧类游戏最传统的代表。格斗屋（baraques de lutteurs）吸引着玩家进去与身穿盔甲、大腹便便、佩戴奖牌的"冠军"比试气力；不远处，游戏者将一辆载有重物的小车推上陡坡，临近终点处的坡度被刻意加大，而小车上的重物也越来越多、越来越沉。

博彩游戏随处可见：轮盘飞快旋转又突然停住，给出命运的裁决，使人暂时抛开竞争类游戏带来的奋进压力，祈祷命运垂青；魔术师、纸牌算命师、占星师忙于解释星象和预测未来，采用的是有前沿科学保障的最新手段，如"核辐射感应法""存在主义精神分析法"。这类游戏满足了人们对机运及其忠实随从——迷信的渴求。

模仿类游戏也没缺位：谐星、小丑、芭蕾舞演员、滑稽演员纷纷登台，为招揽观众使尽浑身解数，表现出模仿的魅力、化装的效力。此时，化装成为他们的特权——观众们没有化装的权利。

尽管如此，在游艺会和游乐场中占主导地位的依然是眩晕。这首先表现在那些制造眩晕的机器的体量、重要性及复杂性上。每一轮游戏被划定为三到六分钟。过山车遵循近乎圆形的轨道，时而爬坡，时而如自由落体般下降，被安全带绑在座位上的乘客随之一同坠落；另一台机器上，游戏者被关在轿厢里，机器把他们送到高处，以头朝下的状态悬挂于人群上方；还有的机器会突然松开巨型弹簧，把轿厢投向轨道顶端，再慢慢回落，如此往复。这些机器都经过精巧的设计与测算，所产生的速度、降落、摇晃、加速回旋及上下运动都是为了给人体带来刺激。还有一种机器利用的是离心力：在一个不断旋转的巨大圆柱形转筒里，惊慌失措的游戏者以各种姿势站立在距离筒口几米远的地板上，在毫无支撑物的情况下，正如游乐场的广告语所描述的那样，"像苍蝇一样"

紧贴筒壁。

　　机体刺激与各类把戏互为交替，让人迷失、惊愕，产生混乱、恐慌和恶心感。但是，游戏者短暂的恐惧很快就会转变为欢笑，他们离开地狱般的游戏器材或场所，身体的不适突然变成一种无以言表的解脱。镜面迷宫和合体怪物屋就发挥了这种作用：里面藏着巨人和矮子、美人鱼、猴孩、长着章鱼身体的女人、浑身豹纹的男人，更令人恐惧的是，参观者还被邀请亲手去触摸这些怪物。不远处，还有吸引人的幽灵火车和幽灵城堡：阴森的走廊、飘忽的幽灵、白森森的骷髅、从人身上拂过的蜘蛛网和蝙蝠翅膀、吱呀作响的活板门、一丝凉风、非人的喊叫声，以及其他众多幼稚的手段、低劣的道具，都是为了增添游戏的紧张气氛，让人霎时毛骨悚然。

　　镜面游戏和怪物游戏刻画了一个与日常生活形成鲜明对比的虚幻世界。在日常生活中，物种基本稳定，鬼神是不存在的。使物体影像增多或分离的奇怪映射、合体动物、传说中的怪物、噩梦中的恶灵、被诅咒的移植器官、恐怖的胚胎实验、蠕虫和吸血鬼、机器人和火星人（没错，任何奇怪或恐怖之物都可在此登场），都能引起另一种形式的恐慌，与制造眩晕的机器通过晃动暂时破坏人体平衡感所带来的恐慌不同。

　　不消说，一切都是游戏，保持着自由、抽离、限制和协约性的特点，夹杂着眩晕、陶醉、恐惧与神秘。尽管恐惧感突如其来，但眩晕持续的时长和程度都是提前测算好的。此外，大家都知道那些虚假的魔幻效果只是为了一时玩乐，而不是一种恶意的欺骗。在游艺会和游乐场中，每处细节都受规则控制，以最保守的方式维系着某种传统——哪怕是卖甜点的小货铺也有不变的特色及展陈：它们会一直贩卖牛轧糖、苹果糖、裹着水晶纸的小圆饼（包装纸上画着圆形奖章，缀着闪闪发光的流苏）、小猪形状的甜面包（老板会在面包上当场写下买家的名字）。

人们的快乐来自兴奋与幻觉，来自众人共享的紧张，也来自在最后一秒停止的坠落、被缓解的冲击、无危害的碰撞。游乐场游戏的最佳代表是碰碰车：游戏者像真的在开车一样（有的游戏者煞有其事，表情严肃得近乎庄重），却又多了一丝原始的快乐，进入戏耍的范畴。人们追逐别人的汽车，拦腰撞上，或截断他人的去路，乐此不疲地制造不产生损失或伤亡的"交通事故"。在受规则限制的现实生活中，这种做法是绝对不被允许的。

另外，对那些正当年的人来说，整个游乐场——包括那些可笑的汽车跑道、能引起恐慌的游戏器械、恐怖屋等——所引起的眩晕或惊悚感，都能使人们身体贴近，悄然生发出另外一种刺激与快乐，那便是寻找潜在的性伙伴。虽然这不再是原本意义上的游戏，但至少在这一点上，游乐场与假面舞会、狂欢节一样，都为人们寻求风流韵事提供了良机。不容忽视的重要变化在于：发挥作用的不再是面具，而是眩晕。

马戏团

游艺会与游乐场总少不了马戏团的加入。但马戏团是一个有着自身习俗、荣耀与法则的团体。马戏团集合了一批珍视自身独特性并以此为荣的人。马戏团成员常常内部成婚，职业秘密由父传子。如果发生纷争，他们也会尽量内部解决，而不诉诸外部司法。

马戏团的驯兽师、杂耍演员、马术演员、小丑、杂技演员等，无一不是从小经受严格训练。只有对技艺精益求精，才能博得观众的喝彩，同时确保自身表演安全。

这个封闭、严苛的世界，构成游乐场"清规戒律"的一面。在这个世界里，"死亡"作为对驯兽师和杂技演员的终极惩罚，是一个持续存在的巨大风险，成为观众和演员之间心照不宣的公约和游戏规则之一。马戏团一致拒绝使用可以在致命坠落中挽救生命的安全网或绳索，这种一致性本身就是一个很好的说明。尽管他们不愿意，当局也会强迫马戏团成员采取保护措施。这样一来，马戏团成员的生命安全多了一道保障，但确实有违"赌局"的完整性。

不同于体育馆之于职业选手、赌场之于赌徒、舞台之于职业演员，在马戏团成员眼中，马戏团的帐篷不仅象征着一份职业，更象征着一种生活方式。马戏团成员多了一份世代相传的宿命，强调与外部世界保持距离。因此，马戏团生活完全不能被视为游戏。要不是马戏团的两个传统项目与眩晕和模仿紧密相关，我甚至不会将马戏纳入这本以"游戏"为主题的书中。我所指的这两个项目是高空杂技和常设滑稽戏。

高空杂技

体育类职业与竞争对应；跟运气打交道的职业与机运对

应——甚至更好，机运使人免于劳作、无需职业；表演类职业与模仿对应；高空杂技类职业则是与眩晕对应。在高空杂技中，眩晕不单纯是障碍、困难或危险，这就是为什么高空秋千有别于登山、跳伞、高空悬垂作业。眩晕还是高空杂技的深层动因，因为这些壮举的唯一目的就在于掌控眩晕。高空杂技是一种刻意在高空进行的游戏，似乎高空并不吓人，也没有任何危险。

要获得这种无与伦比的敏捷身手，必须过一种苦行僧般的生活：严格节制的饮食、长期的体操练习、反复训练的同样动作，以求达到无可挑剔、如条件反射一般的娴熟程度，确保永不出错。高空杂技师在近乎催眠的状态下完成跳跃，成功的必要条件包括柔韧强劲的肌肉、不可撼动的自控力。当然，他还得把控力度与时机，测算秋千晃动的距离与路线，但他要小心别在关键时刻思考这些问题——在稍有犹豫就会满盘皆输的重要时刻，过于小心谨慎带给人的是束缚而不是鼓舞，几乎总会引发不幸。清醒是会要人命的，它将扰乱梦游般的准确性，影响一套精准度极高、不容丝毫犹豫与反悔的机制运行。走钢丝的人只有在被钢丝蛊惑的情况下才能成功；高空杂技演员也只有在足够自信、敢于托身于眩晕而不是试图抵制它的情况下才能达成目标。[1] 眩晕是一种自然存在，只有顺势而为才能掌控它。这些游戏与墨西哥飞人游戏一样，

---

[1] 赫伊津哈，同上，第213—216页；休斯·勒鲁（Hugues Le Roux），《马戏团游戏和游艺会生活》（*Les Jeux du cirque et la vie foraine*），巴黎，1890年，第170—173页。

强调并展示了处于掌控之下的眩晕的天然孕育力。这些不同寻常的壮举无利可图、纯属付出，甚至有死亡危险，但不失为人类意志坚忍、心怀抱负、行动果敢的伟大证明。

戏谑模仿之神

小丑们的逗笑方式不胜枚举，因个人性情及灵感而不同。但是，有一种逗笑方式却经久流传，似乎印证了人类一种古老而有益的爱好：用怪诞人物滑稽可笑的模仿行为，取代庄重严肃的模仿行为。马戏团里的花脸小丑奥古斯都（Auguste）扮演的就是这种角色。他顶着一头乱蓬蓬的红色假发，衣服从不合体，不是太大就是太小，上面还打满补丁，与其他头戴白色尖顶帽、身穿亮片服装的小丑形成鲜明对比。他以无可救药的可怜虫形象出现：既自命不凡又笨手笨脚；竭力模仿同伴，却总给自己惹来麻烦；做事颠三倒四，招人嘲讽，常常挨揍或被浇一身水。

无论事出偶然还是因袭传承，我们往往能在神话中找到这个丑角的原型。他代表了神话中一个不着调的角色，或顽劣或愚蠢，在创世之初笨拙地模仿造物主，结果损坏了造物主的作品，有时甚至引起死亡。

生活在新墨西哥州的印第安纳瓦霍人（Navajos）会举行以"耶比查伊神"（Yebitchaï）命名的庆典，其目的在于为部落祈求神灵庇护，使病人康复。庆典的主角是由佩戴面具的舞者所扮演的14位神灵，其中包括6个男神、6个女神、耶比查伊——叙事的神灵，以及水神托内尼里（Tonenili）。

水神就是这14个角色中的"奥古斯都"。他的面具与其他男神相同，但是衣衫褴褛，游手好闲。他故意不按节拍跳舞，扰乱别人的舞步，还经常做傻事。他的腰带上挂着一张老旧的狐狸皮，他把狐狸皮当成活物，做出朝它射击的动作。最重要的是，他总是笨拙地模仿耶比查伊的高贵姿态，惹人发笑。他昂首挺胸，仿佛自己是个重要人物——作为纳瓦霍人的主神之一，他确实很重要，只不过，他是一个戏谑模仿之神。

与纳瓦霍人生活在同一片地区的祖尼人（Zuñis），将神人称为"卡奇纳"。有十个卡奇纳与众不同，被称为"柯耶姆希斯"（Koyemshis）。其中之一是祭司之子，他在创世之初与妹妹乱伦并生下九个孩子。他们长相丑陋，既令人生厌又惹人发笑。"像孩子一样"，他们说话结巴，各方面都落后于人，且缺乏性活力。有时，他们会做出一些下流动作，但人们会说"没关系，他们不过是一些孩子"。他们每个人都有独特的个性，也有特定不变的可笑行为：皮拉希瓦尼（Piläschiwanni）是怕这怕那的胆小鬼；卡鲁西（Kalutsi）永远都口渴；穆亚波纳（Muyapona）认为自己可以隐身，爱躲藏在过小的物体后面，他的嘴是椭圆形的，该长耳朵的地方却长了两个鼓包，头上也有一个大鼓包和两只角；波苏齐（Posuki）总是笑个不停，嘴竖长着，脸上有好几个鼓包；纳巴希（Nabashi）整日郁郁寡欢，眼睛和嘴向外凸起，头上长着一个巨大的疣。他们是辨识度极高的小丑组合。

那些头戴有鼓包的可怕面具、扮演柯耶姆希斯的法师或先知，必须首先严格禁食，履行种种苦行。因此，人们认为，愿意扮演柯耶姆希斯的人是甘于为大众利益做出自我牺牲的人。佩戴面具的柯耶姆希斯扮演者备受敬畏,拒绝施舍或帮助他们的人,被认为会倒大霉。在祖尼人最重要的节日——沙拉科节(Shalako)结束后,整个村庄都会为他们毕恭毕敬地献上许多礼物、食品、服装和钞票,他们会郑重其事地展示所获献品。在仪式中,他们会取笑别的神,组织猜谜游戏,开粗俗的玩笑,制造各种滑稽场面,比如挖苦他们的助手,嘲笑某人吝啬,评论某人的不幸婚姻,或是奚落一个模仿白人生活方式并以此自傲的族人。他们的戏谑行为是正式的仪式化行为。

在纳瓦霍人和祖尼人的事例中,一个值得注意的重要事实是:不管是戏谑模仿之神还是其他,这些佩戴面具的人都不再被附体,也丝毫不会掩饰自己的真实身份。大家都知道他们不过是某人的父母或朋友,只是化装了而已。人们敬畏他们所代表的神灵,但没有人(包括他们自己)把他们视为神灵本身。这一点得到了宗教学的佐证。据宗教学阐述,以前卡奇纳会亲自来到人类家庭,庇佑人类生活富足。与此同时,他们总会带一些人(不管这些人是否情愿)去往死亡之国。看到原本出于善意的走访却引发灾难性后果,这些戴面具的神选择不再亲身降临,而只让自己的精气下访。他们让祖尼人照着他们所戴面具的样子再做一些面具,并承诺会把自己的精气注入模仿物中。这样一来,之前普遍存在于混沌社会的强大组合——神秘与恐惧、出神与模仿、呆滞与不安——

现在被分离开来。不产生附体的面具活动由此诞生，神力仪式转化为典礼和表演。模仿最终战胜了眩晕，而不再是引发眩晕的手段。

还有一个小细节，进一步证明了奥古斯都及马戏团小丑与戏谑模仿之神之间的相似性——他们都会被冷不丁地浇个湿透。突如其来的"大雨"把他们吓得够呛，而观众们则放声大笑。夏至日当天，祖尼妇女会从高高的露台上往走访完全村家庭的柯耶姆希斯身上浇水；纳瓦霍人认为托内尼里之所以衣衫褴褛，是因为对一个不久将大"水"临头的人来说，穿成这样就足够了。[1]

不管两者之间有无传承关系，神话和马戏团共同印证了模仿的特殊一面——讽刺。讽刺的社会作用毋庸置疑。当然，发挥讽刺作用的还有讽刺画、讽刺短诗或歌曲，以及对胜利者和君王展开嘲讽的丑角们。如此广泛多样的讽刺手段，都指向同一个目的，表达同样的平衡诉求——用怪诞滑稽来平衡过度威严。民众对伟大人物和至高权威的虔诚敬仰，有可能使被崇拜者或佩戴神灵面具的人忘乎所以，而这是一件很危险的事。

信徒们拒绝彻头彻尾的蛊惑，认为自大引起的狂热有害无益。模仿的新功能不再是引发眩晕，而是防止眩晕。这个

---

[1] 关于纳瓦霍人和祖尼人的风俗，我援用了让·卡泽纳夫（Jean Cazenave）的描述，见其著作《诸神在锡沃拉跳舞》（*Les Dieux dansent à Cibola*），巴黎，1957年，第73—75、119、168—173、196—200页。

艰难而关键的转变指向文明、进步与未来；与此同时，机运与竞争的规范取代了模仿与眩晕的威望，成为集体生活的根基。我们应该探寻，究竟是出于怎样神秘而难得的原因，使得一些社会成功打破模仿与眩晕的组合所强加的恶性循环。

当然，人们摆脱这种可怕蛊惑的路径不止一种。正如先前所说，在拉栖代梦，巫师变成了立法者和教育者，狼人群体变为政治警察，狂热重新归服于制度。而现在，另一种更富孕育力的路径出现，更利于宽宏、自由与创造，趋于平衡、超脱与讽刺，而不是追求令人眩晕的无情镇压。在这场变革的尽头，在历经百转千回之后，导致模仿与眩晕这一强大联合垮台的第一道裂缝终于出现。人们在一众面具之神中引入与其等级相同、权威相当的角色，专职戏谑。这种奇特的创设如同一剂良方，以看似荒唐甚至带有几分渎圣的方式，在笑声中使人免于陷入昏迷和催眠状态。

补编

第一章

机运类游戏的重要性

哪怕是在建立于劳动创造价值信念之上的工业文明中，人们对机运类游戏的爱好依然特别强烈。因为机运类游戏提供了一种与劳动挣钱恰恰相反的方法，用里博[1]的话说，就是"毫不费力，瞬间赢得一大捆钱的诱惑"。这就是彩票、赌场、赛马或赌球的永恒魅力所在。比起通过持续努力获得确定但微薄的收入，这种方式带给人突如其来的命运反转、致富赋闲的可能。对那些辛苦劳作但财产无法显著增加的劳苦大众来说，意外赢得一大笔钱是脱离悲惨境地的唯一途径。机运类游戏是对劳作的嘲讽，是一种与劳作相对立的诱惑，在某些情况下，机运类游戏的地位十分重要，甚至影响整个社会群体的生活方式。

以上论述认可了机运类游戏的经济与社会功能，但无法

---

[1] Théodule-Armand Ribot，法国心理学家。——译者注

体现机运类游戏的文化功能。人们认为机运类游戏带来的是懒惰、宿命论与迷信。尽管对机运法则的研究被认为是概率论、拓扑学、战略博弈论产生的源头,但是人们并不认为机运类游戏可以提供架构世界的模型,促成(哪怕是偶然地)百科全书式知识体系的萌芽。然而,宿命论、严格的决定论,由于否认自由意志与责任,将整个宇宙视作一场泛化的巨型彩票游戏,无所不在、不可回避、永无休止。在这场彩票游戏中,每一张奖券(不可避免地)仅仅带来投入到下一轮抽奖中的可能性(或者说必然性),如此反复,直至无穷。[1] 此外,对那些相对而言更好逸恶劳的民族来说,工作远不是他们投放精力的重点,也并非他们规划日常生活的首要考量因素,机运类游戏因此常常具有非同小可的文化重要性,对艺术、伦理、经济乃至学术产生影响。

我认为,这一现象正是过渡型社会的特征。所谓过渡型社会,是指脱离了面具与附体的组合(或者说模仿与出神的组合)的力量控制,但尚未进入建制社会的状态(在建制社会,起决定性作用的是规范化的、有组织的竞争)。由于与外族接触或受外族统治,民众突然脱离模仿与出神的组合掌控下的社会,而外来人民通过漫长而艰难的变革,早已摆脱可怕障碍。统治者将自身法则强加在民众身上,而民众完全没有做好接受新规则的准备。这种跨越太过突然,在这种情况

---

[1] 这一点,在豪尔赫·路易斯·博尔赫斯(Jorge Luis Borges)的寓言《巴比伦彩票》[*La Loterie de Babylone*,收录于《虚构集》(*Fictions*),法语版,巴黎,1951年,第82—93页]中清晰可见。

下，对变动中的社会施加影响的不是竞争，而是机运。因为原有社会的核心价值体系已瓦解，听天由命更符合这些民众自由懒散、急功近利的状态。以求获好运和神助的迷信与魔法为媒介，这些简单且不容分说的原则使民众重新回归传统，部分恢复到原初状态。

在这种条件下，机运类游戏突然获得出人意料的重要性。只要时机成熟，只要衣食住行等生活必需不像别处那样会迫使最潦倒的人从事常规劳作，那么，机运类游戏就有取代工作的倾向。大部分民众得过且过，没有过分奢求。他们受当局监护，却无法跻身掌权者之列。与其忍受单调烦人的劳作，他们宁愿沉湎于游戏。游戏最终影响了这些对工作漫不经心、对游戏热情高涨的民众的信仰与学识、习惯与抱负。他们失去了自主管理权，适应新社会类型对他们而言又极其困难。于是他们被新社会边缘化，混沌度日，如同一群永远长不大的孩子。

我将简要举例，说明机运类游戏成为一种社会规则与习俗时的蓬勃发展。它们影响了整个民族的生活方式，无人可以独善其身。首先，以未发生民族融合、民族文化完全浸淫在传统价值中的群体为例：喀麦隆南部及加蓬北部广泛流行一种骰子游戏。这种骰子用坚硬如骨的种子雕刻而成。结这种种子的树木（Baillonella Toxisperma Pierre，又称Mimusops Djave）所产出的油脂比棕榈油更受欢迎。骰子分为两面，其中一面刻有图徽，不同图徽代表不同威力。

骰子上的图徽多种多样，如同一部图像百科全书。有的图徽刻画人物，或突显某种等级制度，或充满戏剧色彩，或体现日常生活：如教鹦鹉说话的儿童、捕鸟当晚餐的妇女、遭巨蟒攻击的男子、给枪上膛的男子、三名耕地的妇女等等。有的骰子刻有表意文字，代表各种植物、女性生殖器、星空月夜，以及大量动物图徽，涉及哺乳类、鸟类、爬行类、鱼类和昆虫类动物。最后一类图徽代表游戏者觊觎的物品：斧头、猎枪、镜子、鼓、钟表或舞蹈面具。

这些饰有图徽的骰子同时也是一种护身符，能帮助物主实现各种小心愿。物主通常不会把这些护身符放在家中，而是把它们用袋子装着挂在树上，留在灌木丛里。有时，骰子还可以作为通信工具，通过一种约定俗成的语言传递信息。

至于骰子游戏本身，其实十分简单，与猜正反面游戏类似。每个玩家给出对等的赌注，再通过抛掷七块葫芦片和几枚骰子来定胜负。如果反面朝上的葫芦片数量少，则抛得骰子反面的玩家获胜（反之亦然）。这个游戏一度引起人们的极度沉迷，严重扰乱社会秩序：丈夫拿妻子做赌注，部落首领拿封地去冒险，因游戏而起的纷争不断，部落间甚至大动干戈。当局不得不禁止这种游戏。[1]

这种游戏形式非常原始，不涉及组合或移注，但显然对

---

1 西蒙娜·德拉罗齐埃（Simone Delarozière）、格特鲁德·吕克（Gertrude Luc），《一种鲜为人知的非洲艺术表现形式：阿比亚》（"Une forme peu connue de l'Expression artistique africaine: l'Abbia"），载于《喀麦隆研究》，第49—50期，1955年9—12月出版，第3—52页。同样，在苏丹以及桑海人中，小贝壳同时被用作骰子和货币，玩家把它们四个一抛，如果四个小贝壳落地后都是同一面朝上，玩家就可以赢得2500个小贝壳。人们可以赌财产、土地或妻子。参阅A.普罗斯特（A. Prost），《游戏与玩具》（"Jeux et jouets"），载于《黑人世界》，第8—9期，第245页。

文化与集体生活产生了重要影响。从各方面而言，这些百科全书式的图徽的多样性，丝毫不亚于罗马立柱柱头，至少是发挥了类似的作用。此外，出于在每个骰子上刻画不同图案的需要，浮雕艺术应运而生，是当地部落在造型艺术领域的主要表达手段。此外，骰子被赋予了某种神奇的功能，与骰子所有者的信仰与忧思密切相关。最值得强调的是沉迷于这种游戏所带来的破坏甚至是灾难。

这些特征并非独例，在更为复杂的机运类游戏中同样存在。在存在民族与文化融合的混合型社会中，这些复杂的机运类游戏同样表现出强大的吸引力，并产生严重后果。

一个强有力的例证是盛行于古巴的"中国字谜"（字花，Rifa Chiffà）游戏。莉迪亚·卡布雷拉[1]将这种彩票游戏描述为"大众经济不可治愈的癌"。游戏采用一幅被分成36块的中国画，每一块上都有一个人物、动物或寓意画作为标志，比如马、蝴蝶、水手、修女、乌龟、蜗牛、死神、汽船、宝石（也指代美女）、虾（也指代男性生殖器）、山羊（也指代龌龊之事或女性生殖器）、猴子、蜘蛛、烟斗等。[2]庄家手中有一套相同的画片（纸质或木质）。由他亲自或令人从中随机抽取一张画片，用布包好，请游戏者们核查。这个流程叫作"挂兽"（pendre la bête）。接下来，他开始出售彩票，每张票券

---

[1] Lydia Cabrera，古巴人类学家，主要研究非裔古巴文化。——译者注
[2] 墨西哥赌博游戏所使用的纸牌中也有同样的符号，其游戏规则与彩票游戏类似。

上都有一个汉字,指代某一个图形。与此同时,跑腿的会来到街头,记录大家的下注。到了约定时分,人们取出裹在布包里的画片,猜中者可以获得他所下赌注的 30 倍盈利。庄家则把盈利的 10% 让利给代理。

这个游戏好比轮盘游戏的图像化变体。只不过在轮盘游戏中,不同数字之间存在各种组合,而在字花游戏中,各种符号的组合却存在一种缘由不明的固定对应关系。实际上,每种符号都拥有(或没有)一个或多个配牌和副牌。比如,马的配牌是宝石,副牌是孔雀;大鱼的配牌是大象,副牌是蜘蛛;蝴蝶没有配牌,副牌是乌龟;虾没有副牌,配牌是鹿;鹿没有副牌,却有三个配牌,分别是虾、山羊和蜘蛛……自然,每次下注都要点明所选符号及其配牌和副牌。

此外,彩票的 36 个图徽被分成 7 个不均等系列(quadrillas):商人、雅士、酒鬼、神父、乞丐、骑士和女人。至于主导这种分类的原则,依然是讳莫如深。比如,神父系列包括大鱼、乌龟、烟斗、鳝鱼、公鸡、修女、猫;酒鬼系列包括死神、蜗牛、孔雀、小鱼。整场游戏就建立在这种奇怪的分类之上。每次开局,当"挂兽"完毕后,庄家会给出一个谜语(charada),用来提示(或迷惑)玩家。谜语是一句含糊的话,例如:"男人骑着马,缓慢向前行。他人并不傻,只是喝醉了。与同伴一道,他赚得倒不少。"[1] 玩家由此推测应

---

[1] 拉斐尔·罗什(Rafael Roche),《古巴警察及其奥秘》(*La Policia y sus misterios en Cuba*),哈瓦那,1914 年,第 287—293 页。

该赌"酒鬼"或"骑士"系列里的图徽,或是得看动物的主从关系。当然,谜眼很可能是另一个指代没那么明显的词。

又如,庄家宣布:"我来帮你们一把——老虎出主意,大象杀死猪。鹿把猪卖掉,从中赚一笔。"游戏老手会如此推断:"蟾蜍是巫师,鹿是巫师的助手。鹿扛着不祥的包裹,里面装有害人的巫术。现在是老虎对阵大象,鹿带着包裹出门,将包裹放在巫师吩咐的地点。再清楚不过了吧?没错!赌代表鹿的数字31就赢了,因为鹿呼之欲出!"

这个游戏起源于中国。[1]在中国,游戏中的字谜最初是配有古文的画谜。抽牌之后,由一位文人引经据典,阐明正解。在古巴,只有在全面了解黑人的信仰之后,才能正确解读字谜。庄家宣布:"一只鸟,啄一口,又飞走。"很明显:死去的人可以飞升;死者的灵魂如同一只鸟,可幻化成猫头鹰去往任何地方;世间有痛苦、饥饿或冤屈的鬼魂。所以,"啄一口,又飞走"是指有个人突然死亡,要选择代表"死亡"的数字8。

"见啥咬啥的狗"是指诽谤之舌;"照亮一切的光"是指数字11,也就是在天亮时打鸣的公鸡;"无所不能的王"是指数字2,它代表蝴蝶或钱财;"偷偷抹粉装扮的小丑"是指数字8,也就是裹着白布的死者——此时,只有外行人才会需要解释,因为这涉及奥义传授(ñampe 或 ñañigo muerto):在秘密仪式上,神父会用白色粉笔,在接受奥义者的脸上、

---

[1] 在中国本土以外,哈瓦那和旧金山拥有全世界最大的华人社区。

双手、胸前、手臂和腿上画一些仪式符号。[1]

用于揣测正确数字的还有一种复杂的思维要诀，所包含的组合无穷无尽，经验事实与命定数字相交织。命定数字多至100，这得益于一本存放于游戏赌金保管库的书，人们可以通过电话垂询。这本权威的对照手册带来了一种象征用语，被认为"非常值得一学，有助于领悟生命中的奥秘"。这样至少带来了一个结果：数字常常被图像所取代。阿莱霍·卡彭铁尔[2]在他妻子的叔叔家看到，一位黑人少年正在做加法：2+9+4+8+3+5=31。但男孩并不念数字，而是念"蝴蝶＋大象＋猫＋死者＋水手＋尼姑＝鹿"。同理，他会把"12÷2=6"读成"妓女÷蝴蝶＝乌龟"。游戏中的符号和指代，被运用到整个知识领域。

字花游戏被古巴《刑法》第355条严令禁止，但依然流传甚广。自1879年以来，古巴爆发了多场控诉这种游戏破坏性的抗议。参加抗议的主要是那些本就收入微薄，又在游戏中血本无归，甚至连吃饭都成问题的工人。受经济条件限制，他们每次下注不多，但是会不断参与，因为游戏每天会"挂兽"四至六次。这其实是一种相对而言更容易动手脚的游戏：由于庄家掌握了赌注清单，但凡他有一点小聪明，就完全可以在开牌时把受注金额大的图徽换成另一个无人问津的图徽。[3]

不管是诚信经营还是玩弄手段的庄家，都被视为暴富群

---

[1] 由莉迪亚·卡布雷拉提供信息。
[2] Alejo Carpentier，古巴著名的小说家、散文家。——译者注
[3] 拉斐尔·罗什，同前，第293页。

体。据说在19世纪，庄家每日收入可达4万比索，其中一位以20万黄金比索的身家荣归故里。当下，哈瓦那约莫有五个大型、十来个小型字花游戏组织，每日赌金逾10万美金。[1]

在与古巴相邻的波多黎各岛，规划委员会于1957年预测，每年投入到不同游戏中的金额达1亿美金，相当于全岛财政预算的一半。其中，7500万美金用于合法游戏（国家彩票、斗鸡、赛马、轮盘游戏等）。报告明确指出："游戏的规模如此庞大，必将成为一个严重的社会问题……它损耗个人储蓄，使商业运营陷入瘫痪，令民众贪图偶然所得，摒弃劳动生产。"因此，总督路易斯·穆尼奥斯·马林（Luiz Muñoz Marin）决定加强游戏立法，在未来十年内减轻游戏对国民经济的负面影响。[2]

*

巴西的"动物游戏"（Jogo do Bicho）与古巴的字花游戏类似。它同样是一种使用符号组合、具有半非法性质的彩票游戏。游戏每日进行，组织规模庞大，大量吞噬底层人民的微薄财产。巴西的动物游戏生动展示了机运与迷信之间的关系，对经济运行产生了重大影响。因此，我认为有必要在此复用我曾在其他场合、出于其他目的对此游戏做出的描述：

---

1 由阿莱霍·卡彭铁尔提供信息及资料。
2 《纽约时报》，1957年10月6日。

该游戏源于1880年左右德鲁蒙德男爵（baron de Drummond）的一个习惯做法：他每周都会在动物园门口张贴一张海报，海报上画有某种动物。民众则会猜测何种动物会上海报。一种赌博游戏由此而生，并将数字序列与动物形象固定在一起。该游戏很快发展为联邦数字博彩，相当于巴西邻国的"头两名博"[1]。游戏中，数字1到100被分为四个一组，分别与大致按字母顺序排列的25种动物相对应，以**老鹰**（aigle，对应数字1到4）开头，以**奶牛**（vache，对应数字97到100）结尾，沿用至今。

博彩组合无穷无尽：人们可以赌个位数、十位数、百位数或是千位数，也就是中奖号码的最后一位、最后两位、最后三位或是整四位数字。（当联邦彩票从每日一次变为每周一次时，人们就在非官方游戏日玩既无票券也无奖金的概念性虚拟彩票，仅区分胜负而已。）人们也可以同时下注多种动物，即多组四数组合；还可以下注变向组合（combinaison invertie）——并不是由若干数字组成的固定数列，而是由若干数字任意排列所形成的任何数列。例如，选择变向组合327，就意味着在中奖号码为372、273、237、723或732时均可获胜。由于收入与风险严格等比，可以想见，要计算获奖金额绝非易事。当地民众普遍练就

---

[1] quiniela，指赛马、赛狗等博彩游戏中，只需猜中头两名而不论其先后次序的赌博法。——译者注

了一身精通算术的好本领，有人尚不会读书写字，却能快速准确地解决一个数学问题，完胜在该领域缺乏操作经验的数学家。

动物游戏推动了算术的运用，但也助长了迷信思潮。实际上，它关乎一套自带规则、传承与权威解读的解梦体系，玩家可以通过梦境来判断应该下注何种动物。这并不意味着选择自己梦见的动物即可，而是应该首先参阅类似于独门秘籍的相关手册，通常以《动物游戏之梦的解读》(*Interpretacão dos sonhos para o Jogo do Bicho*) 冠名。书中给出了备受人们信赖的关联：梦见奶牛在空中飞翔，应该投注老鹰而不是奶牛；梦见猫从屋顶掉落，应该投注蝴蝶（因为猫是不会从屋顶掉落的）；梦见棍子，应该投注眼镜蛇（眼镜蛇立起身体时形如一根棍子）；梦见疯狗，应该投注狮子（因为两者同样勇猛），诸如此类。有时，这种对应关系颇令人费解，例如梦见死者应该投注大象。还有的解读源自坊间的嘲讽说笑，例如梦见葡萄牙人应该投注驴。谨小慎微者不满足于机械地寻求对应关系，而是会向占卜师求助。后者运用自己的特殊技能，依据不同个案，四平八稳地从梦境中解读神谕。

人们还经常忽略动物，直接揣测该选择的数字。如果梦见友人，便投注这位友人的电话号码；如果遇见交通事故，便投注出事车辆的车牌号码，或是事故现场的警车号码，抑或是两者的组合。除了命运的征兆，韵脚与节奏也同样重要。一则有代表性的逸闻是：一位牧师在一个垂死之人的赦罪仪式上,程序性地说出"耶稣、玛丽、约瑟夫",垂死之人突然坐起来大喊"老鹰、鸵鸟、凯门鳄"——这些都是动物游戏中的动物,在葡萄牙语中的发音韵律(Aquia, Avestruz, Jacaré)与"耶稣、玛丽、约瑟夫"相似。此类事例不胜枚举,任何一种形式的占卜都可能被运用到游戏之中。一名女仆打翻了水瓶,人们就根据这摊水的形状决定该赌哪一种动物。善于发现有效关联被视为一种宝贵的天赋。很多巴西人声称,亲友家的仆人由于精于预测动物游戏的组合,因此成为主人不可或缺的助手,甚至成为家中发号施令的人物。[1]

巴西各州(联邦区)理论上都禁止动物游戏,但实际上,依据不同州(联邦区)政府的执政风格与利益驱动,甚至是同一个州(联邦区)内部不同地方领导人(尤其是警局头目)的个性与主张,动物游戏的开展或多或少得到默许。在佯装打压或暗中庇护之下,动物游戏保留了禁果的滋味,具有隐蔽性,不被主管机关认可。让民众心心念念的动物游戏,依然被视作一种罪恶,是诸如抽烟一类的可被饶恕的小过失;玩家内心依然会自我谴责。政客们常常组织、参与、利用动物游戏,却又在政论中对动物游戏大肆抨击。深受奥古斯特·孔德[2]和实证主义影响、俨然道

---

[1] 此外,仆人们——几乎清一色是黑人或黑白混血儿——如同天然媒介,帮助那些虽然相信非洲巫术有效,但又不愿意直接与之接洽的人,与非洲巫师或祭司沟通。

[2] Auguste Comte,法国哲学家、社会学家,实证主义的开创者。——译者注

第一章 机运类游戏的重要性

德卫士的军队,也对动物游戏嗤之以鼻。在备受黑人推崇的马库姆巴(macumba)通灵仪式以及同样具有广泛影响力的招魂巫术圈里,人们会驱逐那些请求灵媒或灵动桌[1]预测动物游戏事宜的人。巴西精神世界的两个极端都视动物游戏为禁忌。

动物游戏持续的微妙地位、游戏爱好者对游戏的普遍谴责,尤其是它不被官方认可的事实一直存在,却产生了令人咋舌的结果,那便是游戏参与者的绝对诚实。据说从来没有人在游戏中做过哪怕是一分一毫的手脚。除了那些通过电话下注的富人玩家,大家都是在街头往捐客(bichero)手里塞一张纸条,上面写有赌注金额(有时非常可观)、投注的组合,以及玩家的名字(当然是特意选用的化名)。这张纸条会在不同捐客手中流转,以防有谁被警察逮个正着、搜出什么来。当晚或是第二天,获胜者会来到指定地点,报出自己下注时所用的化名,捐客(现在是付款人)便会偷偷塞给他一个信封,里面装着这位幸运者赢得的钱财,分毫不差。

要是玩家遇上不老实的捐客,那可真是一点办法都没有。令人惊讶的是,没有人在游戏中图谋不轨。人们不禁感叹,当巴西各方面世风渐下时,这个并不光明正大的游戏领域却保有一片净土,数额令人垂涎的钱财在穷人手中

---

[1] table tournante,19世纪欧洲盛行的通灵方式,参与者将手放在桌上以召唤鬼魂,后者通过桌子的旋转、移动、敲击等回应。——译者注

不断安全周转。其原因不言而喻：如果没有诚信，这样一种交易体系根本无法维系。但凡有一丝诚信危机，则整个行当大厦将倾。既然动物游戏一无监管，二无申诉途径，诚信便不再是奢侈品，而是必需品。

据保守估计，60%~70% 的巴西人参与动物游戏，每日人均投入游戏的金额约占个人月收入的 1%。哪怕玩家一次也没赢过，他到月底时也只损失了当月收入的 30%。但这仅仅是普通玩家的情况，对嗜赌成瘾的玩家而言，游戏资金投入则远远超过这一比例。极端情况下，玩家会赌上全部家当，最后靠吃救济或沿街乞讨过活。

受到法律禁止的动物游戏，依然是公权当局不得不考虑的强大力量及资源。曾有政治犯要求在拘留地参与动物游戏，居然得到应允。1931 年，巴西圣保罗州社会援助部成立，当时没有任何财政预算，长期依靠当地的动物游戏组织巨头提供资助。这些资助足以支付众多官员的薪水并维持贫困家庭的基本供给。动物游戏的组织架构层级分明：高层人士收益巨大，通常乐于不分党派地资助政客，以期获得他们对游戏业务的容许。

尽管动物游戏对道德、文化乃至政治层面的影响重大，我们首先应该探讨的仍是其经济意义。实际上，动物游戏吸收的大量资金始终滞留在游戏内部的**快速循环**之中，无益于国家经济发展及民生改善。人们把钱投入到游戏之中，而不是用来购置家用等，无法通过消费促进农业及工商业发展。游戏资金纯粹是一种消耗,脱离了一般流通渠道,转而进入一个持续、快速的封闭式循环,游戏盈利很少从这一恶性循环中抽离,而是被重新投入其中,除非赢家从中提取一部分用于大摆筵席。只有庄家及游戏组织者的盈利才有可能进入整体经济循环,但这绝不是提升整体经济的最佳方式。持续的现金投入维系甚至提高了机运类游戏的赌金总额,而储蓄及投资的可能性势必随之降低。[1]

*

我们看到,在某些条件下,机运类游戏体现出一般由竞争类游戏垄断的文化重要性。哪怕是在选贤举能的社会,运气的诱惑也同样存在。备受质疑的机运扮演着与其说是决定性不如说是戏剧性的重要角色。至少在游戏领域,机运类游戏作为竞争类游戏的对立及(在很多情况下的)互补,统领了诸多重大活动,在国家彩票与环法自行车比赛之间维持平衡,如同体育促进运动场建设一般带来了赌场建设,催生了各类协会、俱乐部及共济会,维系了专业媒体的运营,引发了重要投资。

由此产生的奇特的对比是:比起常常受到政府资助的体育活动,机运类游戏——在国家管控范围内——反而是国库

---

[1] 罗歇·凯卢瓦,《本能与社会》,巴黎,1964年,第5章《财富的使用》,第130—151页。

资金的一项来源，甚至是主要来源。哪怕遭受打压、为人所不齿，哪怕是在最理性、最有治、最不受模仿与眩晕的组合支配的社会，机运仍然占有一席之地，其中原委不难理解。

眩晕和模仿，本质上是对各种法则、分寸与秩序的彻底反叛。相反，机运与竞争都倚赖计算与规则，但两者的协同不影响两者的较量。它们各自所主张的原则截然相反，也正因为如此，两者不可能不彼此排斥。显然，"辛苦劳作"与"守株待兔"不相兼容，正如"命运无理由的眷顾"与"才干的正当回馈"不相兼容。摆脱了模仿与眩晕、面具与出神的支配，并不等于摆脱了咒语世界、进入分配公正的理性空间，仍有许多问题悬而未决。

在这种情况下，竞争和机运似乎代表了一种新型社会的对立又互补的原则，但还远未能发挥并行不悖、不可或缺的完美功效。只有竞争以及公正有益的竞争原则被视作是有价值的，社会整体架构就建立在这一基础之上。所谓社会进步，就在于使竞争原则发扬光大，为它发挥作用创设更优条件，逐步消除机运的影响。机运，似乎是人类机制达成完美公平的天然障碍。

运气不仅是非公平的集中表现，意味着无缘由、不应得的优待，更是对劳作、耐心、勤奋、节俭、克己和远识的嘲讽，与追求财富增长所必须具备的一切美德相对立。因此，立法者势必会致力于限制运气成分的作用及影响范围。在不同的游戏原则中，唯独有序竞争原则可以照搬到现实世界中，发挥有效甚至不可取代的作用。其他游戏原则往往在现实世界遭到质疑与管控，最多只是被有限容许；一旦它们冲破界限，在现实生活中蔓延，就会演变为毁灭性的狂热、恶习和异化，把人推向堕落的深渊。

机运原则即是如此。只要它代表被动接受自然条件，我们就得心甘情愿地承认这一点。没有任何人会否认出生就是一场彩票游戏，由此产生的惊人差异尤其令人唏嘘。除极少数情况以外，例如古希腊时期抽签产生执政官、现代社会抽签产生法庭陪审员，人们绝不会赋予机运任何制度功能。让机运来决断严肃问题是不可接受的；舆论一致认为，只有劳动、才干与能力（而不是骰子的任意性）才是建立公道、使集体生活幸福发展的根基，这一点毋庸置疑。劳动被视为获得体面收入的唯一渠道。就连遗产也因其源于出身的机运而备受争议，甚至被取消，最常见的是被克扣可观金额，为社会大众所用。至于游戏或彩票所得，原则上只能作为一种补充，一种奢望，是玩家从事职业活动获得常规报酬之外的收入。如果完全或主要依靠运气营生，在几乎所有人看来都是离经叛道、不成体统的。

*

如果说在社会分配问题上，是按劳分配还是按需分配尚存商榷空间，那也绝不可能以出身或运气作为分配标准。公平和努力不容戏谑，按劳取酬才是公正的标准。因此，这样的体制自然倾向于完全建立在竞争之上：这样既符合抽象的公正原则，又能最大限度地激发个人才干，合理有效地促进财富增长。而财富增长虽不是社会发展的唯一目标，但至少是主要愿景之一。全部问题在于：假如彻底消除天降好运的可能性，是否有利于社会经济的发展？换句话说，如果国家一味打压民众向命运求助的本能，是否会带来国库收入的大幅下跌且无从弥补，进而削弱社会发展的效能？

在游戏为王的巴西，民众崇尚投机与好运，储蓄观念最为薄弱。而在苏联，国家禁止机运赌博，极力推崇个人储蓄，以求扩大国内市场。工薪阶层有了足够的储蓄，才会购买汽车、冰箱、电视机等商品，从而促进工业发展。任何形式的彩票游戏均被视为是不道德的。然而，在私营领域为国家所禁止的机运类游戏，却被国家分毫不差地嫁接到银行储蓄业中。

苏联约有 5 万个储蓄银行，储蓄总额高达 500 亿卢布。如果定期存放 6 个月及以上，储蓄利率为 3%；低于 6 个月，储蓄利率为 2%。如果储户愿意，他可以放弃利息，参加抽签。这种抽签活动每年举行两次，从众多参与者中选出 25 个幸运儿，获得与存款额度挂钩的超额大奖。在苏联这一排斥机运的经济体中，这样的抽奖安排，无疑是机运奇特而卑微的再现。更有甚者，工薪阶层长期被要求认购有奖国债，奖金总额相当于融资总额的 2%。以 1954 年的国债为例，奖金数额为 400 到 5 万卢布不等。国债共 10 万个系列，每个系列均含有 50 只债券。以抽签的方式，首先从 10 万个系列中选取 42 个，构成这 42 个系列的每一只债券，都能获得 400 卢布奖金。接着进行奖金额度更高的抽奖：抽取 24 个系列，奖金为 1 万卢布；抽取 5 个系列，奖金为 2.5 万卢布；抽取 2 个系列，奖金为 5 万卢布。[1] 按官方汇率换算——这一汇率偏高——奖金数额分别为 100 万、250 万和 500 万法郎。

*

机运的魅力如此强大，就连本质上最排斥它的经济体系都不得不遮遮掩掩、费尽心机地为它保留一席之地。实际上，命运的裁决是有规则竞争的必要补偿。有规则竞争以不容争辩的方式，确立了可衡量的优越性不争的决胜地位；而命运以巧合般的青睐，为失败者带来慰藉和最后的希望。他在公平竞争中败北，只能归咎于自己无能，因为大家的起跑线一致。面对失败，他唯一可能的补偿来自变化莫测、碾压一切的命运垂青。尽管好运可遇不可求，发生概率微乎其微，但好在命运是不论公平公正的。

---

[1] 参阅贡纳尔·弗兰岑（Gunnar Franzen），《苏联银行与储蓄》（"Les Banques et l'épargne en U.R.S.S."），载于《世界储蓄》（*l'Epargne du Monde*），阿姆斯特丹，1956 年第 5 期，第 193—197 页；由《瑞典储蓄银行杂志》（*Svensk Sparbankstidskrift*）援用，斯德哥尔摩，1956 年第 6 期。

第二章

从教育学到数学

游戏世界如此繁复，研究游戏的方式也多种多样。心理学、社会学、稗史、教育学和数学都可以在游戏研究中分一杯羹，研究对象的整体性却越来越模糊。赫伊津哈的著作《游戏的人》、让·夏托（Jean Chateau）的著作《儿童游戏》（*Jeu de l'enfant*）、诺依曼（John von Neumann）与摩根斯坦（Oskar Morgenstern）的合著《博弈论与经济行为》(*Theory of Games and Economic Behavior*)分别面向不同的读者群体，似乎并非在探讨同一个主题。最后，人们不禁要问，我们在何种程度上利用了词汇的便利性或偶然性，才会认为这些互不相同，且几乎互不兼容的研究，实际上涉及同一种特定的活动。我们由此怀疑，是否存在可用于定义游戏的共有属性，使游戏可以顺理成章地成为一项整体研究的对象。

如果说在日常生活中游戏有其独立性，那这份独立性在学术研究中显然已不复存在。不光是多门学科带来多种研究路径，许多异质的材料都被冠以"游戏"之名成为研究对象。"游戏"一词仿佛是个幌子，以迷惑人的统括性，在不调和的行为之间维系着相关联的假象。

有必要探究出于何种原因或是偶然，导致了游戏研究领域彼此相悖的割据。实际上，这种奇怪的分割从一开始便存在。一个人玩跳山羊、多米诺骨牌、放风筝，同样都是玩；只有儿童心理学家会对跳山羊（或捉人游戏、弹珠游戏）感兴趣，只有社会学家会关心风筝游戏，只有数学家会研究多米诺骨牌（或轮盘游戏、扑克）。在我看来，数学家对捉迷藏或捉猫游戏不闻不问实属正常，因为这些游戏不适用于方程计算。但我无法理解为什么让·夏托先生会忽略多米诺骨牌游戏和风筝游戏，也不明白历史学家和社会学家为何拒不研究机运类游戏。准确地说，我认为这一缺位毫无理由，却能充分明白其背后的动机。正如我们随后将探讨的，这一缺位很大程度上源于游戏研究者（作为自然人或教学者）的隐秘意图。抛开稗史不谈（稗史的研究对象偏向玩具而不是游戏），游戏研究得益于各大独立学科的贡献，尤其是心理学与数学。我们将逐一分析这两大学科在游戏研究领域的主要贡献。

1. 儿童心理教育学分析

席勒堪称最先指出游戏在文化史中特殊重要地位的先锋。他在《审美教育书简》第 15 封书简中写道："一言以蔽之，只有当人是完整意义上的人时，他才会游戏，只有当游戏时，他才是完整的人。"在同一封书简中，他甚至已经开始设想凭借游戏推断不同文化的特性。他认为,通过比较"伦敦赛马、马德里斗牛、巴黎古早戏剧、威尼斯赛艇、维也纳斗兽以及罗马狂欢彩车",不难确定"不同民族的兴趣差异"。[1]

席勒侧重于从游戏中提炼艺术本质,对游戏的社会学意义只是点到为止。但这个问题已经被摆上桌面,游戏也因此而受到重视。席勒强调游戏者的欢乐激情与自由。游戏和艺术都源自富余的生命力,当成人及儿童的迫切需求得到满足,就会将剩余精力投入到对现实行为欢快但无产出的模仿中。"欢蹦乱跳变成了舞蹈。"斯宾塞[2]由是说:"游戏是成人活动的戏剧化。"冯特[3]的话更加直接明了:"游戏是工作之子。任何游戏都能在某种严肃的职业活动中找到雏形。"[4]这种论断盛极一时。受其鼓动,民族志学家和历史学家致力于在儿童游戏中寻找已被弃用的宗教或法术活动的遗痕,并取得空前成功。

卡尔·格鲁斯在其著作《动物的游戏》(*Die Spiele der Tiere*,耶拿,1896年)中重新提及了游戏自由、无产出的特征,强调游戏中"人们成为并保持主导"的快乐。他解释,这种快乐体现在人们可以随时中断业已开始的活动。他将游戏定

---

[1] 《审美教育书简》(*Über ästhetische Erziehung des Menschen*),见弗里德里希·冯·席勒(Fr. V. Shiller)《作品集》(*Œuvres*)法语版第8卷《美学》一章,巴黎,1862年。另可参阅第14、16、20、26和27封书简。

[2] Herbert Spencer,英国哲学家、社会学家,社会达尔文主义之父。——译者注

[3] Wilhelm Wundt,德国心理学家,实验心理学和认知心理学的奠基人。——译者注

[4] 《伦理学》(*Ethik*),1886年,第145页。

义为一种纯粹行为，不计过往与将来，脱离世俗压力与束缚。游戏是一项创作，而游戏者就是这项创作的主人。游戏超脱了严酷现实，自成一体，只有被人们自愿且完全接受时才成立，其存在就是目的。不过，由于卡尔·格鲁斯首先研究的是动物（虽然已经涉及人类）的游戏，所以，多年之后，当他开始研究人类的游戏时[1]，强调的是游戏本能、自发的一面，而忽视了游戏在众多情况下所属的纯智力组合的层面。

此外，卡尔·格鲁斯同样将幼小动物的游戏行为视作对其成年生活的趣味训练。格鲁斯在游戏中发现了年幼阶段之所以存在的理由，给出似是而非的论断："动物们不是因为年幼才游戏，它们之所以年幼，是因为它们必须游戏。"[2] 他极力论证游戏活动是如何让小动物学会追逐猎物、躲避敌人，如何使它们习惯彼此打闹，为将来争夺雌性伴侣的真实斗争做准备。他巧妙地从中总结出一套游戏分类法，非常适用于动物游戏。只可惜，他在后续对人类游戏的研究过程中也采用了类似的分类法，将人类游戏活动分为：1. 感官工具（体验触觉、温度、味觉、嗅觉、听觉、色彩、形状、运动等）；2. 驱动工具（摸索、破坏与分析、构建与总结、耐性游戏、投掷、击打或推动、滚动、旋转或滑行、命中目标、抓住处于运动状态的物体）；3. 智力、情感及意志工具（认知游戏、记忆游戏、想象力游戏、专注力游戏、推理游戏、惊喜游戏、恐怖游戏等）。

---

1 《人的游戏》(*Die Spiele der Menschen*)，耶拿，1889 年。
2 《动物的游戏》，法语版，巴黎，1902 年，第 5 章以及第 62—69 页。

随后，他对体现斗争本能、性本能和模仿本能的趋向加以分析，并将之命名为二级趋向。

这个长长的分类编目极好地展现了人类所能体验的全部感觉与情绪、所能完成的全部动作、所能开展的全部精神活动是如何催生了游戏。但是，它并没有阐明游戏本身，未探讨游戏的本质及架构。格鲁斯并未将游戏按照彼此的相似性分类，似乎也并未察觉大部分游戏都需要同时动用多种感官与机能。实际上，他仅仅满足于根据当时备受推崇的心理学论著的目录对游戏进行分类，囿于展示人类同样会调用感官机能开展的毫无意义、不产生即刻作用的活动，这类活动属于游戏范畴，唯一的作用是使个体为将来的任务做准备。机运类游戏再次被排除在研究范围以外，作者甚至没有意识到这一点。一方面是因为格鲁斯并未在动物游戏中发现这一游戏类型，另一方面是因为机运类游戏并不是在为某种严肃任务做准备。

读完卡尔·格鲁斯的著作，人们可能会继续忽略或甚少意识到：游戏通常（或者说必须）包含规则，甚至是一些性质独特的规则——这些规则具有专断性，不可抗拒，仅在事先约定的时空范围内有效。前文曾提及，是赫伊津哈强调了最后一条特性，并由此指出游戏对文化发展的独特贡献。在赫伊津哈之前，让·皮亚杰[1]于1930年在日内瓦让-雅克·卢梭学院举行的两场会议上，从儿童角度出发，着重强调了虚

---

[1] Jean Piaget，瑞士发展心理学家，以认知发展理论著称。——译者注

构游戏与规则游戏的区别，并充分阐明了遵守游戏规则对儿童道德养成的重要作用。

然而，皮亚杰和赫伊津哈依然未曾提及机运类游戏。让·夏托的出色的调查研究，同样将机运类游戏排除在外。[1] 皮亚杰和夏托都专注于儿童游戏[2]，更确切地说，是专注于20世纪上半叶一部分西欧儿童在学校课间时段所开展的游戏。机运类游戏绝不会受到教育者的推崇，因此注定将继续被忽略。然而，就算我们可以撇开骰子游戏、陀螺游戏、多米诺骨牌和纸牌游戏——让·夏托将它们归为成人游戏，如果没有家人的带领，儿童是不会开展这类游戏的——我们也不得不谈到弹珠游戏。而弹珠游戏并不只是技巧游戏。

实际上，弹珠的独特性在于它既是工具又是赌注。游戏

---

[1] 《儿童游戏中的真实与想象》(*Le Réel et l'imaginaire dans le jeu de l'enfant*)，巴黎，第2版，1955年；《儿童游戏教育学导论》(*Le Jeu de l'enfant introduction à la pédagogie*)，增订版，巴黎，1955年。

[2] 复杂的成人游戏同样引起了心理学家的注意，尤其存在大量关于国际象棋冠军心理的研究。关于足球游戏的研究，可以参考伯伊坦迪克（F. J. J. Buytendijk）在其著作《足球》(*Le Football*，巴黎，1952年）中，对帕特里克（G. T. W. Patrick，1903年）、哈特根布奇（M. G. Hartgenbusch，1926年）、皮克福德（R. W. Pickford，1940年）、梅洛-庞蒂［M. Merleau-Ponty，《行为的结构》(*La Structure du comportement*)，1942年］等人的研究成果的探讨。与针对国际象棋冠军的心理研究一样（它们解释了为什么冠军会把国际象棋中的"象"与"车"视作斜线力量与直线力量，而不是具象的棋子），这些研究分析的是游戏驱动下的玩家行为，而并非游戏的本质。雷内尔·丹尼（Renel Denney）与大卫·里斯南（David Riesnan）合著的文章《美国足球》["Football in America"，译载于期刊《特征》(*Profils*)，1955年秋季第13期，第5—32页］倒是更值得一读。它尤其显示了适应新需求或新领域的失误行为可以成为（甚至必定成为）一种新规则，进而产生一种新游戏。

者可以赢得或输掉弹珠，弹珠也由此成为一种名副其实的货币，可以用来交换零食、小折刀、弹弓[1]、口哨、学习用品、代写作业或其他明码标价的服务。弹珠的材质不同（如钢珠、瓷珠、石头珠、玻璃珠等），价格也不同。有时，孩子们还会拿弹珠玩类似划拳的猜单双数游戏，对儿童而言，这是真正意义上的财富变迁契机。让·夏托至少在著作中提及过其中一种游戏[2]，但这依然不妨碍他将运气成分，也就是冒险、机运、赌博等彻底排除在儿童的游戏动因之外，从而维持儿童游戏以主动取乐为特征的论断。

这样一来，让·夏托在其著作末尾建立的游戏分类便存在重大缺陷。由于刻意忽略机运类游戏，他进而忽略了一个重要问题：儿童是否对运气的诱惑敏感？换句话说，他们在学校很少玩机运类游戏，是不是因为学校不允许？我认为，毫无疑问，儿童很早就对运气因素敏感。[3]有待确定的是，儿童从哪个年龄阶段开始、以何种方式调和命运的不公决断与自身强烈的正义感。

让·夏托的研究具有发生学及教育学的双重意义。他从

---

[1] 夏托在著作中并未谈及弹弓游戏。也许他见了弹弓就没收，而不是观察儿童操作弹弓时的心理。夏托研究中的儿童也不玩槌球游戏、风筝游戏，因为这些游戏对空间和器材都有要求；此外，易装游戏也未被纳入研究范围，原因依然在于，夏托只是在教学场所观察儿童游戏。

[2] 《儿童游戏》，第18—22页。

[3] 我只举一例：学校附近常有广受放学儿童喜爱的微型彩票游戏，奖品是糖果。孩子们按一个不变的价格付钱，就可以抽取一张彩票，上面标有所赢得的糖果的编号。不消说，不到最后，商家是不会在彩票里放入头奖彩票（代表着最诱人的糖果）的。

研究各种游戏类型的产生阶段与发展阶段入手,同时界定不同种类游戏的积极作用,致力于展示游戏在何种程度上对儿童个性养成产生影响。与卡尔·格鲁斯的观点相反,让·夏托轻易就证明了游戏是一项考验而不是练习。儿童并不是在为一个明确的任务进行自我训练,而是通过游戏获得一种内涵更丰富的克服障碍或直面困难的能力。现实生活中可能用不上"飞翔的鸽子"游戏,但精准迅速的反应力却一定值得拥有。

一般来说,游戏如同一种教育。这种教育并不事先划定目标,却有利于体格、个性或智力发展。从这个角度来看,游戏越是远离现实就越富有教益,因为它传授的不是套路,而是能力。

相反,在纯机运类游戏中,游戏者基本处于被动状态,不产生任何体能或智力上的进步。机运类游戏在道德层面的影响同样值得怀疑,因为它们规避劳动与努力,只把希望寄托在不劳而获和意外之财上。这就是机运类游戏被排除在校园之外的原因(但不能被排除在游戏分类之外)。

*

进一步说,游戏只是意外成为练习、考验或训练。开展游戏的确有利于促进机能发展,并且是以一种自由、强烈、欢乐、富有创造性并受到保护的方式。但是,游戏本身从来不以培养某项能力为职能。游戏的目的只是游戏本身,只不过它所动用的能力，恰好也是从事学习或成人严肃活动时所需要的能力。如果这些能力未被激活或是有所缺失，儿童将既不知道如何学习，也不知道如何游戏，因为他无法适应新情况，无法集中注意力，也无法遵守规则。A. 布劳纳的观察所得就是极好的证明。[1] 游戏绝不是身体或智力异常儿童的避难所，对这样的儿童或青少年而言，游戏与工作同样令他们束手无策。他们无法持续专注地投入到游戏之中，就像无法投入到真正的学习之中一样。游戏成了某个动作的偶然延续，毫无章法或谋略可言，只是单纯的冲动（例如拨开别人正在玩的球或弹珠、制造麻烦、推搡等）。当教育者能成功地让他们学会遵守规则甚至创造规则时，就意味着他们得到了治愈。

毫无疑问，自愿遵守规则是关键。正因为这一点，继皮亚杰之后，让·夏托也强调了遵守规则的重要性，并将游戏大致分为有规则游戏和无规则游戏。对于无规则游戏，他不过是精简再现了格鲁斯的研究，并无太多创新。而对于有规则游戏，他却做出了极富启发性的引领。他区分了表象游戏（模仿与幻想）、客体游戏（建设和劳作）以及抽象游戏（引入专断性规则，需要创举，尤其存在竞争），这些无疑都与现实相符。如他所言，表象游戏指向艺术，客体游戏指向工作，而竞争游戏则是体育的雏形。

除此之外，让·夏托还补充了一种游戏类型，将需要合

---

[1] A. 布劳纳（A. Brauner），《为了让他们成人》（*Pour en faire des hommes*），巴黎，1956年，第15—75页。该书是关于适应不良儿童的游戏与语言的研究。

作的竞争游戏，与需要参与者动作协同的舞蹈及仪式表演划为一组。这一组的内容看起来并不同质，并且有悖于先前确立的原则（将幻想游戏与规则游戏区分开来）。假装是浣衣女、杂货商或士兵的游戏，永远是即兴的；想象自己是病人、面包师、飞行员或牛仔，需要持续的创造力。相反，就算不提足球、跳棋或象棋游戏，只论捉人游戏、捉猫游戏，也都需要遵守详细规则，以决胜负。仅仅因为两者都要求游戏者相互合作，而将表演游戏与竞争游戏归为一类，只能说明一个问题：作者想要像区分年龄阶层一样，对游戏做层级划分。这样实际上是把基于竞争的简单对抗游戏复杂化，或是相对应地，把基于模仿的表演游戏复杂化。

不管是复杂的表演游戏还是竞争游戏，都需要团队精神，需要游戏者相互配合、协同动作，或是在集体表演中扮演好各自的角色。这其中明显含有纵向的、由简入繁的深层延续性。让·夏托首先致力于建立符合儿童年龄的游戏分层，但这只会使原本彼此独立的分类复杂化。

表象游戏和竞争游戏，在很大程度上与我所提出的游戏分类法中的模仿类游戏和竞争类游戏相吻合。之前我阐述了为什么让·夏托的游戏分类法中不包含机运类游戏，但他的分类法中至少保留了眩晕类游戏的痕迹，并以"激烈游戏"（jeux d'emportement）冠名，包括冲坡、大喊大叫、玩陀螺、奔跑（直到气喘吁吁）等。[1] 当然，这些行为含有眩晕类

---

1 我列举了一览表中的几个事例（第 386—387 页）。相反，在对应（转下页）

游戏的雏形。但是，真正意义上的眩晕类游戏（配得上"游戏"这个名号），必须有更精准、更明确、更符合其作用目标（即引起轻微、短暂、令人愉悦的感官错乱与失衡，正如滑滑梯、荡秋千、海地儿童的"金玉米"游戏等）的划分。让·夏托虽然提到了秋千游戏（第298页），但将它视为一种克服恐惧感的意志力训练。当然，眩晕会带来恐惧感，更确切地说是慌乱感，但这种慌乱感是令人着迷的——它是一种快乐。人们荡秋千不是要克服恐惧，而是要品味恐惧、颤抖与惊愕，体验暂时失去自我控制的快感。

与机运类游戏一样，眩晕类游戏也未能引起心理学家的重视。研究成人游戏的赫伊津哈同样忽视了眩晕类游戏。也许是因为眩晕类游戏看似毫无教育或文化价值。赫伊津哈从规则的创设与遵循、从公平竞争中提炼了几乎整个人类文明；让·夏托则从中提炼了人格形成所必需的美德。没有任何人会怀疑受限的有规则竞争的伦理学孕育力，以及表象游戏的文化孕育力。但是，追求眩晕与追求机运却受到非议，被视为毫无意义甚至是伤风败俗、百害而无一利。普遍认为，文明的要义就是抵制眩晕与机运的魅惑，而不是利用它们所带来的备受争议的结果。

（接上页）的章节里（第194—217页），作者利用了"emportement"一词的双重含义（"激动"与"狂怒"），尤其是在研究游戏过激或游戏节奏加快所引起的混乱与骚动时。游戏最终以失控告终。在这个方面，作者的分析定义了一种游戏状态，或者说一种危险，在某些情况下，这种危险会影响到游戏本身，但绝不是要以这种状态来定义某种特定的游戏类型。

2. 数学分析

眩晕类游戏和机运类游戏就这样默默地被社会学家和教育工作者打入冷宫。对眩晕的研究交给了医生，对机运的推算则交给了数学家。

这些新型研究工作当然必不可少，但两者都不关注游戏性质。对半圆形轨道运行的研究无法解释秋千、滑梯、滑雪和游乐场眩晕游戏的盛行，更别说被归为同一游戏类型的另一种操作（同样能引起强烈的慌乱感），如中东地区的托钵僧旋转舞、呈螺旋状下坠的墨西哥飞人游戏。另一方面，概率论的发展，也无法取代关于彩票、赌场或赛马场的社会学。数学研究并不提供关于游戏者心理层面的信息，而是致力于研究在特定情景下的各种可能。

计算时而被用于衡量庄家的安全边际，时而被用于提示游戏者最佳玩法，时而被用于预测游戏者在不同情境下所承担的风险。之前提到，此类问题促成了概率论的问世。梅累骑士[1]通过计算得出：在骰子游戏中，连续投24下，只有可能出现21种组合，其中出现双"6"的概率比不出现双"6"的概率要大。然而，实践结果恰恰相反。他就此问题向帕斯卡[2]求教。帕斯卡因此与费马[3]展开了长时间的通信讨论。费马由此在数学研究领域开辟了一条新路径，并向梅累骑士证明：事实上，

---

1 Chevalier de Méré，即安托万·贡博（Antoine Gombaud），17世纪法国作家。——译者注
2 Blaise Pascal，法国神学家、数学家、哲学家。——译者注
3 Pierre de Fermat，法国数学家。——译者注

从科学角度来看,最好赌双"6"在 24 次掷骰中不会出现。

除机运类游戏研究外,数学家们长久以来还开展了另一种类型的研究:枚举法。枚举法可以形成穷尽所有情况的一般结论,不给机运留空间。其中包括许多被称为"趣味数学"的难题。在解题过程中,学者们多次提出重大发现。例如(未解之谜)四色猜想、七桥问题、三座房子与三处水源的问题(在平面上无解,但可以在封闭表面——如环状物表面——得到解决)、柯克曼女生散步问题。一些传统游戏,例如数字推盘游戏、九连环游戏等,也是基于同类型问题及组合,涉及贾尼雷夫斯基[1]在 19 世纪末创立的拓扑学理论。最近,一些数学家将概率论与拓扑学相结合,开创了一项运用颇广的新学科:战略博弈论。[2]

在战略博弈论中,游戏者被定义为对手,必须自卫。也就是说,在接连出现的不同情境中,他们都应该理智选择、恰当决策。这种游戏为经济、商业、政治及军事领域共同面临的问题提供了一种普适模型。学科目的在于,为各种具体的、可量化(至少是大致量化)的难题,提出一种必要的、科学的、不受争议的解决方案。最简单的情景如:猜正反面游戏、石头剪刀布游戏(布可以包住石头、石头可以砸坏剪刀、剪刀

---

[1] 原文"Janirewski",实际应为"Janiszewski",指波兰数学家亚尼谢夫斯基(Zygmunt Janiszewski)。——译者注

[2] 约翰·冯·诺依曼、奥斯卡·摩根斯坦,《博弈论与经济行为》,普林斯顿,1944 年;克劳德·伯格(Claude Berge),《交替游戏理论》(*Théorie des jeux alternatifs*),巴黎,1952 年。

可以剪碎布)、极简扑克游戏、飞机战斗游戏等。人们在计算中加入计谋(*ruse*)与反计谋(*bluff*)等心理学因素:计谋是"游戏者预判对手行为的洞察力",而反计谋是对计谋的破解,即"一种使对手误判我方信息、意向与能力的艺术"。[1]

这种理论在实践运用层面,甚至是在纯数学领域之外的合理性方面,依然存在疑点。博弈论建立在对于严格演绎不可或缺的两个公设之上,而这两个公设理论上无法在持续变化的现实世界中成立。其一是知晓全部信息,也就是穷尽所有有效数据;其二是竞争双方必须动机明确、目标清晰,都会做出最优决策。然而现实是:一方面,有效信息理论上是无穷尽的;另一方面,我们无法排除对手犯错、任性、失算、无厘头决策、迷信,甚至是刻意求败的可能性,也不得不考虑人性中荒谬的一面。从数学层面看,这些反常所带来的问题并不新鲜,总能找到业已解决的先例。但是,从人的层面看,尤其是对游戏个体而言,情况则大不相同。因为,游戏的全部意义就在于交织着各种可能性的竞争。

从理论上讲,在一场二人枪战中,假设敌对双方正持枪走向彼此,已知他们所持武器的精准度与射程、两人之间的距离、现场能见度、个人身手敏捷程度、情绪状态是镇定还是紧张,假设这些信息均可量化,我们就能推测出每人扣动扳机的最佳时机。不过,这依然是一种随机猜测,参考数据也受经验限制。在实际操作中,这种计算不可能实现,因为

---

[1] 克劳德·伯格。

无法将无穷尽的信息全部纳入分析之中。例如，其中一个枪手可能是近视或散光患者，有可能分心或神经衰弱，有可能被胡蜂叮咬、被树根绊倒，甚至有可能就是想找死。分析只建立在被简化后的问题之上，而客观情况远比这复杂。一旦回归真实，简化后的分析推理将不复成立。

美国的一些商场在商品促销期间调整商品价格，第一天以八折出售，第二天七折，第三天五折。顾客等待得越久，商品就越便宜，但可供选择的商品数量也会随之减少，心仪商品被别人买走的可能性随之升高。原则上说，如果排除干扰项，基本可以依据商品受欢迎程度推测出购买某种商品的最佳时机。但是，依然不能排除个人购物习惯的影响：如果顾客最在乎的是购得某件商品，则不会选择等待；如果顾客优先考虑省钱，则会等到最后一刻再下手。

这就是游戏永恒的特色所在，非数学所能企及。从来没有游戏的数学，只有关于游戏的数学，否则游戏将不复存在。因为人们不会参与胜负既定的游戏，游戏的乐趣与失败的风险密不可分。如果组合思维（也就是游戏的学问所在）成了情境定式，游戏的趣味性就会随结果的不确定性的消失而荡然无存，游戏的每个步骤、各种变式都结局已知。玩纸牌游戏时，只要结局已定，不等手中的牌全部打完，大家就会结束这一局。在象棋游戏中，受到危险警告的玩家很可能会直接认输，因为他发现棋局已无可逆转。非洲黑人在玩他们所热衷的游戏时不断演算游戏走势，一如诺依曼和摩根斯坦利用尤为复杂的数学工具建构模型一样。

在苏丹，有一种与"四连棋"（moulin）类似的"苏丹直棋"（Bolotoudou）游戏广受欢迎。游戏工具是12根小棍和12块石头，玩家要将它们依次放入5行6列共30个格子里。哪个玩家先把3颗子连成一线，就可以吃掉对方的1颗子。赢家有独门杀招，并作为家族财富代代相传。开局时的布子十分重要，组合种类并非无穷。因此，有经验的玩家一旦发现自己失势就会喊停游戏，因为他知道对手必胜甚至知晓其胜出招式，而门外汉可能还一头雾水。[1] 没有人会从打败平庸对手的过程中获得快乐。相反，人们都急迫地想要告诉对手制胜奇招，如果对手自己没发现的话。毕竟，游戏首先是为了展示优越性，乐趣源于一决高下的过程。因此，游戏中的危机感必不可少。

数学原理追求的是在有可能出现的各种情境中，用百分之百的确定性，找出最合适的走子或出牌。它无法助长游戏精神，反而摧毁游戏存在的意义，破坏游戏精神。"狼吃羊"（loup）是一种简单的游戏，共用1颗黑子和4颗白子在64格棋盘上进行，各种棋子组合轻易就能数清。运用简单的原理，则"羊"（4颗白子）必胜无疑。知晓这一原理的玩家很快就会对游戏失去兴趣，因为万无一失的推算破坏了游戏本身。这种情况在其他游戏中同样存在，例如前文提到的数字推盘游戏和九连环游戏。

---

[1] A. 普罗斯特，《黑人世界的游戏》（"Jeux dans le monde noir"），载于《黑人世界》，第8—9期，第241—248页。

有可能存在（从理论上而言必然存在）一种绝对棋局，从第一步到最后一步，每一步走子都势不可挡，就连最具优势的招术都会被化解而失效。这样一种完美棋局并非完全不可能，用一台电子仪器在穷尽所有能发生的分岔之后就能建立。但是，这样一来，没人还会去下象棋——因为谁第一个走子的事实就已决定胜负[1]。

由此看来，对游戏的数学分析确实是数学的组成部分，但与游戏并无必然关系。就算游戏不存在，这些数学分析本身依然成立。它们可以也必须独立于游戏而发展，随意创造出越来越复杂的情境与规则。它们对游戏的本质不构成任何影响。实际上，要么游戏因为数学分析所带来的确定性而失去存在意义，要么游戏者利用数学分析所建立的概率系数，更理智地预测风险，做出保守或激进的选择。

*

游戏包罗万象，关乎人类全部活动与意图。教育学、数学、历史学和社会学等都可以从各自的角度对游戏展开研究，并产生丰硕的研究成果。但是，游戏世界是不可分割的整体。不管以何种路径取得何种理论或经验，一旦脱离游戏世界的中心问题，这些研究所得都将失去实际意义与效用。

---

[1] 普遍认为（但未被证实），先手（即先走子的一方）具有优势。

文 献

第二章 游戏的分类

第24页,昆虫的拟态。我在此复用拙著《神话与人》(第109—116页)中的例子。

为了自我保护,毫无攻击性的动物会模仿另一种可怕的动物。比如透翅蛾(*Trochilium*)模仿黄边胡蜂(*Vespa Crabro*)的模样,两者同样拥有烟熏色翅膀、棕色的足与触须、黄黑相间的胸腹部,都是在阳光下振翅飞行,发出有力声响。有的动物拟态现象令人叹为观止,比如红天蛾(*Choerocampa Elpenor*)幼虫身体的第四、第五环节长有两个黑圈眼斑,在受到侵扰时,红天蛾幼虫会缩回头部,用力鼓起第四环节呈蛇头状,足以吓退蜥蜴和小鸟。[1]据魏

---

[1] L. 盖诺(L. Guénot),《动物物种的起源》(*La Genèse des espèces animales*),巴黎,1911年,第470、473页。

斯曼（Weismann）[1]称，平静状态下的灰目天蛾（*Smerinthus ocellata*）后翅收起，与所有天蛾一样；如果遇到危险，它会猛地展开后翅，露出红底色上的两只蓝色"大眼"，震慑来犯者。[2]此时的灰目天蛾会进入一种亢奋状态：它紧紧攀住支撑物，扬起触角，缩回头部，挺起胸部，拱起腹部，周身震颤，看起来就像一只捕食性大鸟，与平静状态下形如细长枯叶的它大相径庭。直到危险过后，它才慢慢恢复平静状态。斯坦德福斯通过多次实验发现，灰目天蛾的这一招颇为奏效，山雀、知更鸟，以及除灰夜莺以外的大部分夜莺，都吃它这一套。[3]

动物拟态的例子还有很多：

害羞蟹（*calappe*）像卵石，栉孔扇贝（*chlamys*）像

---

1 《进化论讲座》（*Vorträge über Descendenztheorie*），第 1 卷，第 78—79 页。
2 这种带恐吓性的转化是自动发生的，与皮肤的反应相似。有时，动物改变肤色并不是为了隐藏自己，而是为了发挥威慑作用。猫遇到狗时会竖起毛发，它因受到惊吓而做出吓人的模样。提出这一观点的勒·当泰克［Le Dantec，《拉马克主义和达尔文主义》（*Lamarckiens et Darwiniens*），第 3 版，巴黎，1908 年，第 139 页］也这样解释发生在人身上的普遍现象——鸡皮疙瘩。尤其当人受到重大惊吓时，皮肤就会出现这种反应，只是人类的毛发系统已经萎缩，作用无效而已。
3 参见斯坦德福斯（Standfuss），《保护和保护色的例子》（"Beispiel von Schutz und Trutzfärbung"），《瑞士昆虫学会简报》（*Mitt. Schweitz. Entomol. Ges*），21（1906）年，第 155—157 页；维尼翁（Vignon），《实验生物学导论》（*Introduction à la biologie expérimentale*），巴黎，1930 年，《生物百科全书》（*Encycl. Biol*），第 8 卷，第 356 页。

沙子，普通滨蟹（*moenas*）像石头，长臂虾（*palémon*）像墨角藻，马尾藻海的一种鱼——叶海马鱼（*Phylopteryx*）像"漂在水中的带状海藻"[1]，躄鱼（*Antennarius*）和裸躄鱼（*Pterophryné*）也是拟态高手[2]。章鱼缩回触手，弯曲背部，调整身体的颜色，看起来就像一块石头。红襟粉蝶（*Piéride-Aurore*）用白色和绿色的后翅模仿伞形科植物；杨裳夜蛾（*lichnée mariée*）的凸起、结节和条纹使它形似它所栖居的杨树的树皮。马达加斯加的黑脊象甲（*Lithinus nigrocristinus*）和蛾蜡蝉（*Flatoïde*），与地衣极难区分。[3] 螳螂擅长用步肢模仿花瓣，或是蜷成冠状，并轻微地机械性摆动，如同被微风轻拂的花朵。[4] 绮钩蛾（*Cilix compressa*）像一团鸟粪，婆罗洲的苔藓竹节虫（*Cerodeylus laceratus*）长有青橄榄色丝状物，像一截覆满苔藓的木棍。通常，"竹节虫喜欢悬挂于森林的灌木丛中，它们有一个奇怪的习惯，就是时不时把足伸开，悬在空中，看起来尤为恐怖"[5]。还有的竹节虫长得像细枝，比如普通竹节虫（*Ceroys*）和扁竹节虫（*Heteropteryx*），它们擅长模仿带刺的枯枝。热带地区的半翅目昆虫角蝉（*membrace*）擅长模

---

1 L. 穆拉特（L. Murat），《动物世界的奇迹》（*Les Merveilles du monde animal*），1914年，第37—38页。

2 L. 盖诺，同前，第453页。

3 同上，图114。

4 A. 勒菲弗（A. Lefebvre），《法国昆虫学会年鉴》（*Ann. de la Soc. entom. de France*），第4卷；莱昂·比内（Léon Binet），《螳螂的生活》（*La Vie de la mante religieuse*），巴黎，1931年；维尔翁，同前，第374页及其后。

5 华莱士（Wallace），《自然选择》（*La Sélection naturelle*），法语版，第62页。

仿植物的芽或刺，例如高耸身体的拟刺的昆虫——棘角蝉（*Umbonia orozimbo*）。尺蛾的毛虫将身体僵直立起，配上外皮恰到好处的粗糙度，跟灌木丛中的嫩枝没什么两样。家喻户晓的叶螬（*Phyllie*）外形酷似一片树叶。最完美的拟态高手非蝶类莫属，首先便是尾尺蛾（*Oxydia*）：它停留在枝头，身体与树枝垂直，上翅合拢，如同一枚顶叶。更巧妙的是，它有一道横穿对翅的深色细纹，正如树叶的主叶脉。[1]

蝴蝶的其他拟态妙招还包括用后翅纤细的尾突作"叶柄"，以便"融入植物世界"[2]；用身体每侧的前后翅组成一片椭圆矛尖形"树叶"，翅膀上的花纹纵向连接，如同树叶的中肋。"生物力量……精巧切割、构造每一扇翅膀，使它们能联合呈现出某种特定形态。"[3] 中美洲的拟叶蛱蝶（*Cænophlebia Archidona*）[4]，以及印度、马来西亚的多种枯叶蛱蝶（*Kallima*）即是如此……

（更多例子请参阅《神话与人》，第133—136页。）

第28页，眩晕与墨西哥飞人游戏，节选自居伊·斯特雷塞-

---

1 拉博（Rabaud），《普通生物学要素》（*Eléments de biologie générale*），第2版，巴黎，1928年，第412页，图54。
2 维尼翁，出处同前。
3 同上。
4 德拉热（Delage）、戈德史密斯（Goldsmith），《进化论》（*Les Théories de l'évolution*），巴黎，1909年，图1，第74页。

佩昂的描述（第328页）。

  领舞者又称"科哈尔"（k'ohal）。他身着红蓝色长裙，端坐在桅杆高处的支架上。他先是展开双翼，面朝东方，向各路善神祈福，并吹响模仿苍鹰叫声的口哨。然后，他站立在桅杆顶端，手持裹着白布的葫芦杯和一瓶烧酒，依次转向四方，朝每个方向都含一口烧酒并喷出酒雾。完成这场象征性的献祭仪式后，他会在头上戴好红色翎饰，然后舒展双翅，面向四方起舞。

  在印第安人心目中，高杆上的表演是仪式中最扣人心弦的部分，因为它伴有死亡的威胁。接下来的"飞翔"部分则更富戏剧性：四名舞者腰系绳索，钻到支架下方，向后仰倒，在绳索的牵引下倒悬着徐徐降落，在空中划出一个大大的螺旋形。这种舞蹈的难度在于舞者必须用脚趾紧紧勾住绳索，在倒悬状态下保持双臂张开，如同一只盘旋的飞鸟。当四位舞者都着地后，领舞者再顺着四条绳索之一滑下来。

第34页，以破坏为乐的卷尾猴。我在此引用卡尔·格鲁斯描述的罗曼尼斯的观察内容：

  我发现它特别喜欢搞破坏。今天，它拿了一只酒杯和一个蛋杯，先是把酒杯用力扔到地上——毫无疑问，酒杯粉身碎骨。接下来，它发现蛋杯是摔不破的，于是开始四下寻找能砸碎蛋杯的硬物。铜质的床脚正合它意。它把蛋杯高高举起，再重重地朝床脚砸去。没砸几轮蛋杯便完全碎裂，它这才心满意足。它折断一截木棍的方法是：把木棍两头分别顶在墙壁和某个重物上，通过用力挤压使木棍弯曲断裂。它还经常破坏织物，先是耐心地抽丝拔线，随后便改为用牙齿狠狠撕咬。

除了损坏物品，它还喜欢推倒物品，同时留意不被砸到。它把椅子拉向自己，两眼紧盯椅背。当椅子失去平衡、即将向它砸来时，它便迅速溜到一旁，欢天喜地地看着椅子倒地。它甚至会向笨重物件发起挑战，比如我们那张饰有大理石板的梳妆台。它多次处心积虑地将梳妆台推倒，却从未因此而受伤。[1]

第37页，投币游戏机的发展及其引起的痴迷。

有一类游戏以重复动作为主，看似单调无趣，却拥有庞大的粉丝群，真是令人跌破眼镜。比如无所事事者玩了一局又一局的纸牌接龙，以及不费脑筋、广受欢迎的投币机游戏。

如果说纸牌接龙还算有点乐趣，那并不是因为游戏者需要考虑计策（游戏计策本就少得可怜，而且根本无涉高深演算），而在于游戏的算命功能。游戏者可以在游戏开始前、洗牌或切牌时在心中提问或许愿，并将游戏结果视为命运之神

---

[1] G. J. 罗曼尼斯，《动物智慧》（*Intelligence des animaux*），巴黎，费利克斯·阿尔康出版社，第2卷，第240—241页。

的回答。当然，游戏者可以随心所欲地重启游戏，直到获得满意答案为止。

这种将游戏视为神谕的载体的做法，尽管少有人信以为真，但至少增添了游戏的趣味，否则纸牌接龙很难称得上是一种娱乐。尽管如此，它仍然是一种名副其实的游戏，是在限定范围内的自由行动（需要借助固定数量的工具），服从强制性的规则，并且毫无产出。

投币机游戏同样具有这些特点。出于善治目的，各国政府都不同程度地禁止将游戏机器本身的诱惑与获利的诱惑相叠加。我所主张的作为游戏分类依据的四大动因（彰显个人优越性、寻求命运青睐、在虚构世界扮演某个角色、追求眩晕带来的快感），均不作用于投币机游戏，或者作用微乎其微：投币机游戏的进程很少受游戏者左右，因此少有竞争之趣；毕竟有游戏者的介入，因此不属于机运类游戏，因为后者是彻头彻尾地依赖命运，没有任何使之屈服或改写的可能。至于"模仿"这一动因，乍一看似乎与投币机游戏毫不相干，实际上却存在，只是作用被极大削弱而已。模仿因素首先表现为机器彩色视窗里那一串灯光闪烁的虚拟的巨大数字（缩小数字、使之贴近现实的尝试全都遭遇惨败），其次表现为游戏背景中那些衣着暴露的或精致或狂野的女孩、赛车、摩托艇、海盗船、带炮的古战舰、身着宇航服的航天员、星际火箭，以及其他幼稚的布景。它们并不会使人产生哪怕是短暂的代入感，但至少能营造一种梦幻般的气氛，足以与平淡无奇的日常相切换。最后，尽管咖啡厅的氛围并不助长眩晕，投币机游戏本身也远称不上有多折磨人，但游戏者依然可以进入某种催眠状态，因为他必须持续盯着闪烁的信号灯和那颗亮晶晶的弹珠，似乎是用意念操控弹珠避开障碍物前进。

在投币机游戏所带来的欢愉中，眩晕有时甚至占据了首要位置，远甚于其他因素。以在日本获得空前欢迎的"爬金库"（pachinko）游戏为例。这种弹珠游戏既没有触点也不设障碍物，游戏者用力将弹珠弹向眼前的螺旋形弹道，激发出巨大声响。为了加强动作与音效，游戏者经常同时弹射好几枚弹珠。爬金库弹珠机一台紧挨一台，摆放成长长一列；游戏者也手肘相触，他们的头组成了一条与机器队列平行的长线。整个游戏厅里充斥着弹珠撞击的噼啪声，呈现出一片狂热气氛。游戏者追求的就是这样一种眩晕，尽管这种眩晕是次等、空洞的，无须紧急制止。再说，爬金库游戏本意也绝不在于对眩晕的掌控，其魅力恰恰就是光影与声效的叠加和攀升，眩晕成为游戏的主导，使痴迷者陷入对玻璃窗后那些小弹珠持久呆滞的凝视之中。只有这样，才能把原本是所有游戏中最危险、最需要庞大空间和复杂机器、能耗最高的眩晕类游戏，简化压缩到一个小箱柜里，变成微不足道的机械运动。除了外形相比游乐场机器大大缩水，游乐场眩晕游戏还要求游戏者在攀升速度快如转陀般的沉迷状态之中，保持能经受得起考验的清醒，对神经及肌肉的全面控制，以及与官能和脏腑不适感的持续对抗。

因此，从各方面考虑，包括最离奇甚至是极端的层面，投币机游戏都算是一种游戏的降级。它不动用个人能力或资源；游戏者每玩一局都照价付款，不因机运暴富或破产；只有那些足够天马行空的玩家，才会自我代入机器背景虚设的浪漫世界，因此极少产生异化情况，模仿因素的作用力几乎为零；至于眩晕，最多只是让玩家难以停止游戏、从单调的机械性活动中抽离——更确切地说，是从游戏所引起的意志麻痹中抽离。

并非所有游戏消遣都如此无意义，某些游戏的开展甚至需要优良的体能、智力或精神品质。比尔博凯讲究灵巧，孔明棋游戏及数字推盘游戏讲究预测力，字谜和趣味数学游戏需要思考与学识，体育锻炼需要刻苦与坚持……总而言之，它们能激发个人潜能与斗志，完全不同于投币游戏机玩家的无意识行为。然而，这些投币游戏机正是时下盛行的一种生活方式的写照。公共场所尤其少不了投币游戏机的影子，这也许是因为在游戏机边旁观热议、摩拳擦掌的人们，给这个原本乏味的游戏增添了些许刺激。50年前曾在咖啡厅大行其道、招徕稳定消费群体的诸多游戏（如纸牌、双陆棋、台球），现在几乎全被投币游戏机挤下台来。

在日本，投币游戏机盛行之年，12%的国民收入就这样滑入爬金库游戏机的投币口里。在美国，投币游戏机同样风靡一时，引发大众沉迷。1957年3月，美国参议院某委员会进行了一项调查；同月25日，媒体公布了以下信息：

> 1956年，由50家工厂（大部分位于芝加哥周边地区）的15 000名工人生产的30万台投币游戏机销售一空。这

些投币游戏机在芝加哥、堪萨斯城、底特律等城市广受欢迎,更别提赌城拉斯维加斯了。就连纽约也成为投币游戏机的天地。在纽约市中心的时代广场,不论白天黑夜,总有来自不同年龄层的美国人——下至小学生,上至老年人——在一小时内花光一周的零花钱或生活费,就为了赢得一次免费游戏的机会。"1485 Broadway Playland"(1485百老汇游乐场)几个霓虹灯大字,使一旁的中餐厅招牌黯然失色。在一个开放式大厅里,井然有序地摆放着几十台五颜六色的投币游戏机,每台游戏机前都有一张舒适的皮椅,与巴黎香榭丽舍大街上高端酒吧里的座椅一样。不差钱的游戏者在这儿一坐就是好几个小时。游戏机旁边甚至还配有烟灰缸,以及专门用来摆放热狗和可乐的地方——热狗加可乐套餐是美国流行的平民餐,游戏者甚至不用离开座位就能订餐。每局游戏花费 10 美分(40 法郎)或 25 美分(100 法郎),积累到一定得分就能赢得 10 包香烟——在纽约州,现金是不能作为游戏奖品的。在游戏现场,那些被称为"投币运动员"的游戏者引发巨大噪声,盖过了留声机里作为背景音乐播放的路易·阿姆斯特朗(Louis Armstrong)或是埃尔维斯·普雷斯利(Elvis Presley)的歌声。这里既有身穿皮衣和蓝色牛仔裤的小年轻,也有头戴花帽的老妇人。大家比肩而坐,年轻人玩"原子弹轰炸机"或"遥控火箭",老妇人玩"爱情测量仪"预测恋爱可能性。孩子们会花上 5 美分,骑那些把人摇到想吐的电动驴(其实更像瘤牛)。还有的孩子扮演成水手或飞行员,漫不经

心地玩左轮手枪发射游戏。(D. 莫盖恩)

据统计,美国每年仅弹珠游戏(使镀镍弹珠绕过障碍物抵达闪光的触点)开销就高达4亿美金。由游戏狂热引发的青少年犯罪现象屡见不鲜。1957年4月,据美国媒体报道,布鲁克林的一个儿童犯罪团伙落网。该团伙头目是一个10岁的男孩和一个12岁的女孩。他们多次在街区的商铺行窃,赃款金额近1000美金。但是,他们只对那些可以用于投币游戏机的5美分和10美分硬币感兴趣;至于纸钞,只是被用来包裹硬币而已,用毕即被扔进了垃圾桶。

人们对投币游戏机的迷恋难以解释,现有说法不乏创意却少有说服力。朱利叶斯·塞加尔(Julius Segal)先生给出的解释也许是最巧妙的(也是最意味深长的)。他在1957年10月的《哈泼斯杂志》(Harper's)上发表了一篇题为《弹珠游戏的诱惑》("The Lure of Pinball")的文章(第215册,1289号,44—47页),带有半分析半忏悔的色彩。我在此引用我本人当时对这篇文章的评论。在不可避免地提及性象征意味后,作者尤其指明,在投币游戏机所带来的欢乐中,蕴藏着个人与现代技术抗衡的胜利感。在弹射弹珠之前,游戏者首先要进行一番所谓的测算,它的实际作用不大,但在游戏者看来万分重要。"他觉得自己是在孤军奋战,运用聪明才智对抗整个美国工业的资源组合。"游戏也因此成为个体技巧与无名巨构之间的竞争。游戏者有可能用一枚(真实的)硬币赢得(虚构的)好几百万,因为游戏得分后面总是跟着好几个零。

此外，游戏还保留了通过摇晃投币机来作弊的空间。尽管游戏机设有熔断信号，作为一条不可逾越的界线防止玩家过度摇晃或倾斜机器，但它同时也构成一道诱人的威胁，一项额外的风险，一种附加在原生游戏之上的次生游戏。

朱利叶斯·塞加尔先生出人意料地承认，当他心情压抑时，就会绕行半小时，去玩他最喜欢的游戏机。游戏带给他一种"具有疗愈功效的获胜可能性"，使他恢复对个人才能及成功概率的信心。游戏填补了他的失落感，抚平了他的攻击性。

他认为，一个人在投币游戏机前的表现比罗夏测验[1]更能反映其真实人格。基于这一点，每个人都竭力要向自己证明，他可以在机器所擅长的领域打败机器。他想象自己通过驾驭游戏机聚集了大量财富，体现为视窗中那一串亮眼的数字。他单枪匹马取胜，还可以不断刷新战绩。"只消花费一枚硬币，他就发泄了心中怒火，达到驯服世界的目的。"

我不加评判地概述了塞加尔先生的研究，但实际上我并不认同他的观点。在我看来，大部分的投币游戏机玩家与塞加尔先生不同，尤其不会通过操纵机器摇杆来体验复仇的狂热。他的坦述也许更源自想象而不是观察。他似乎想把一个多少让他感到羞愧的个人习惯浪漫化，从心理学层面寻找恰

---

[1] 也称罗夏墨迹测验，由瑞士精神科医生赫尔曼·罗夏（Hermann Rorschach）创立，受试者被要求回答他们认为卡片上的墨迹像什么，心理学家据此判断其人格。——译者注

当的开脱理由，让人认为这种习惯是健康体面的。投币游戏机很难代表被驯服的机械世界，它更偏向于刺激与无情，而不是顺服与抚慰。游戏者常常被游戏激怒，而不是沉浸在胜利的喜悦之中。他白白浪费了金钱，带着一份懊恼的心情离开游戏机，并幼稚地将自己的失败怪罪于机器摆放不平或运行不良。实际上，他是在一种上当受骗的感觉中自怨自艾地结束游戏，并非达成自我和解。那些闪烁的百万数额瞬间蒸发，他比开始游戏之前更穷了一些。我怀疑，塞加尔先生大书特书的"疗愈功效"，并非来自游戏本身，而是来自对游戏的理性思考。

对那些坚信游戏的文化功用、将其视为文明要素之一的人而言，投币机游戏的存在与盛行，恰恰揭露了这一推论中的漏洞，不得不重新审视。诚然，不同游戏的积极作用各异，比起其他游戏，某些游戏确实更有利于艺术、科学与道德发展，因为它们更强调规则感、忠诚度、自制力与超脱心，或是因为它们更倚重谋略、想象、耐心、技能与努力。但是，现在出现了一种空洞无能的游戏，它对游戏者毫无要求，纯粹是无谓消遣。这些游戏是在名副其实地"消磨时间"，而真正的游戏虽然没有提前设定具体目标，至少从长远看是有意义的，在使人获得欢愉的同时恰巧又锦上添花。那些空洞无能的虚假游戏不涉及任何利害关系，仅仅是用被粉饰为消遣的机械动作取代了无聊而已。

投币机游戏以及纸牌接龙因此有别于其他游戏，不属于动用资源或考验心智的活动。虚假游戏不过是一个娱乐陷阱，借"游戏"之名填补时间空隙，反而加剧了消极无为的倾向。虚假游戏也不会把人的精神引向另一个有益分支，带来另一种形式的游戏——在东方语言中，这些游戏往往具有特定名称，以驰骋思绪的方式发挥作用。虚假游戏空有游戏之名，实际上禁锢想象，使人把精力浪费在可怕的单调重复中，难以自拔。

道德家与社会学家都认为虚假游戏的盛行百害而无一利。也许要通过巨大的努力，才能使个体转而选择那些可以自由把控强度、保持创造与激情、免于意志麻痹的休闲方式，尽管它们不能在当下就开花结果，却能以不同于工作、不出于被迫的方式带来长效产出。

第四章 游戏的变质

第 54 页，机运类游戏、星座运程及迷信。我在一本女性周刊（《今日时尚》，1956 年 1 月 5 日）中随机抽取一段给双子座的建议，作为例子：

> 如果我建议您（同时合理地有所保留）在条件允许的情况下选择某个数字，那不光是指选择这个数字本身（虽然我们习惯于这样做），还指各个数位上的数字相加总和等于这个数字的数。比如，把 66410 各个数位上的数字相加，得 6+6+4+1=17=1+7=8，那么，尽管 66410 这个数中不包含数字 8，但它依然属于我所指的幸运数字 8 系列。

您可以参照上述举例操作，但数字 10 和 11 除外，它们只能原样取用。"好运"之类的话我就不多说了，如果您（碰巧）赢了，请写信告诉我这个好消息并标明日期。为您献上我全心全意的祝福。

专栏作者的谨慎用心由此可窥一斑。多样的推导过程、庞大的读者群体和少量的所涉数字，确保了一定的成功系数，而感兴趣的人往往会忽视不成功的案例。

在这方面做到极致的要数《密友（家居版）》周刊的星座专栏。与其他期刊一样，该专栏为当地人提供一周之内不同星座的运势建议。由于这是一本面向农村居民的期刊，邮发或贩售周期较长，因此无论是期刊本身还是星座专栏都是不标日期的。

第 60 页，蚂蚁的"毒瘾"。我在此引用威廉·莫顿·惠勒描述的柯卡尔迪和雅各布森的观察内容（同前，第 310 页）。

当印度常见的一种蚂蚁双疣琉璃蚁（*Hypoclinea bituberculata*）列队外出觅食时，东方浅黄猎蝽就会守候在蚂蚁队列的旁边。一有蚂蚁靠近，它便抬高身体前部，露出丛毛。蚂蚁被丛毛上腺体散发的气息吸引，前来舔舐啃咬。东方浅黄猎蝽会慢慢放低身体，只把前足在蚂蚁头部合拢，仿若一名成竹在胸的猎手。蚂蚁常常太过贪婪地用下颚噬咬丛毛，把东方浅黄猎蝽的身体也拉得上下晃动。

然而，腺体分泌物中含有能麻痹蚂蚁的毒液。当蚂蚁想要收手时，东方浅黄猎蝽就会用前足抓住它，把喙从蚂蚁胸部节缝或是触角接点刺入蚁体，吸食蚂蚁体液。蚂蚁之所以瘫痪，确实是舔食毒液所致，与东方浅黄猎蝽喙部对它造成的伤害无关，这一点得到了雅各布森的观察确认：大量蚂蚁在舔食东方浅黄猎蝽分泌的毒液后，会瘫痪在离东方浅黄猎蝽不远的地方，而东方浅黄猎蝽的喙压根没碰过它们。大批蚂蚁就这样白白死去，并未成为东方浅黄猎蝽的口粮。幸亏蚂蚁繁殖能力强，否则将无法承受东方浅黄猎蝽"糟蹋粮食"的行为。

第七章　模仿与眩晕

第106页，面具社团的入会机制，节选自H.让梅尔著作（同前，第221—222页）。

上沃尔特的博博人再现了一种最原始的宗教体系，与班巴拉人的宗教体系十分相似。博博人将这一体系中的社团统称为"多"，社团中的人们会穿上用树叶和植物纤维做成的服饰，佩戴木制的动物头像面具或仪式主导之神的面具。人们向神灵献祭，祭品是村庄里一棵毗邻水井的大树和水井本身。这些面具（Koro，复数作 Kora；Simbo，复数作 Simboa）由某个年龄段的男孩制造并穿戴。男孩只有达到一定年龄，才有权获知面具的秘密并佩戴面具，对未入会者实施多项特权。这些男孩小时候是面具佩戴者追逐与戏弄的对象,随着年龄的增长,他们厌倦了被追逐戏弄,要求了解关于"多"的事情。在听取村子里老人的建议并与年长首领商洽后,他们的要求被接受,但前提条件是先请前辈们大餐一顿。加入"多"组织从而获知面具的秘密,在当地发挥了类似成人礼的作用。仪式具体操作过程因地而异,在克里默博士(Dr Cremer)的情报员所提供的稍显模糊但十分生动的陈述中,我们留意到两种仪式流程。

从两位情报员的一致见证中不难看出,其中一种是被简化的面具揭秘仪式,具有原始但不失威严的象征性。如果某个居民区同一年龄、同一身高的孩子达到一定人数,村里的老人便会吩咐说,到了该拿出面具的时候。"多"的首领会提前告知那些已入会的年轻人,请他们按惯例制作并穿戴特定的树叶服装。他们从一大早就开始忙活,直到傍晚才穿戴整齐地来到村边坐下,等待天黑;村里的老人们也围坐在他们身边。到了晚上,"多"的主祭会召唤即将入会的孩子及其父母,他们会带来传统的供品和用于献祭的母鸡。等孩子们到齐了,主祭会手持斧头,在地面上砍几下,示意面具佩戴者登场。孩子们则躺在地上,头部被遮住。这时,一名面具佩戴者跑来,在孩子们身边跳来跳去,用一种名为"小面具"的哨子吹出声响吓唬他们。接下来,一位老人会吩咐孩子们起立并抓住那个企图逃跑的面具佩戴者。孩子们在面具佩戴者身后追赶，最终把他抓住。老人又问：你们知道这个浑身树叶的人是谁吗？为了揭晓答案，人们会摘下那人的面具，孩子们立刻便认出他来。与此同时，人们会警告孩子，如果向任何尚不知道这个秘密的人告密，会给自己惹来杀身之祸。仪式现场事先挖好了一条沟，如果孩子不能保守秘密，那么这条沟将是他的葬身之地；这条沟也埋葬了他的孩童身份，将现在的他与儿时的他彻底分离。每个孩子都必须象征性地从面具佩戴者身上扯几片树叶扔进沟里，然后沟被填平，孩子们用手将泥土压实。在完成献祭之后，离开仪式场所、回到村庄之时，孩子们必须把一只手浸入盛满水的容器里，以示净洗。仪式到此结束。第二天，年龄稍长的男孩会带领新信徒去灌木丛，教他们编织及穿戴仪式服装。

　　这便是当地的习俗。知晓秘密的人才算活着，对秘密无知的人无非是行尸走肉。

《苏丹民族志与语言学材料》(*Matérieux d'ethnographie et de linguistique soudanaises*)，第 4 卷，1927 年，由 J. 克里默博士汇编，由 H. 拉布雷（H. Labouret）出版。

第 107 页，利用面具行使政权，H. 让梅尔将尼日尔的库曼族的重要仪式与柏拉图所描述的亚特兰蒂斯十位国王相互审判的仪式（见《克里提阿斯》120B）做对比。

　　比起世袭首领，秘密社团首领反而更具社会权威。秘密社团是年长者的权力工具。库曼社团（相当于班巴拉人的科摩社团）目前日渐式微，它曾推行的血腥仪式却留下传奇般的回忆。仪式每七年举行一次，只有步入社会最高阶层的长者才能参与。仪式地点不对妇女、男孩甚至是青年男性开放。参与仪式的长者必须带上啤酒，并准备一头用于献祭的黑牛。人们将黑牛屠宰并悬挂在一棵棕树的树干上。参与者必须身着仪式礼服，礼服由黄色的头巾、长裤和长袍组成。由社团的主席（märe）发起仪式召集令，这常常引起当地民众的强烈反响。仪式在一块林间空地上进行，参与者到齐后，围绕社团主席坐成一圈，主席自己则坐在一块下面垫有人皮的黑色公羊皮上。每个参与者都携带了自己的毒药与神水［相当于班巴拉人的库尔提（Korti）］。仪式的头七天以献祭、宴席和讨论为主。讨论的主要目的很可能是就让谁消失的问题达成一致。七天过后，仪式进入重要的神秘环节，地点是在被视为"库曼之母"的神树下。此树的木材是制造库曼面具的原材料。人们在树下挖一道沟，身着奇特羽毛服饰、佩戴面具之人会藏在沟底，他的出现就意味着社团之神的到来。傍晚时分，当社团成员面朝圆心、围坐成一圈时，面具佩戴者开始现身。社团的游吟诗人用歌声宣告面具佩戴者的到来，面具佩戴者随后便跟着唱和，社团成员则回报以颂歌。面具佩戴者并不高大，但他的身体逐渐变大。他离开坑底，绕着社团成员围成的圆圈跳舞。社团成员依然背朝圈外，用拍手的方式伴随舞蹈。这时，谁要是扭过头来，谁就会招来死亡。

面具佩戴者的舞蹈一直持续到晚上,他的身形也越来越大;在这段时间里,平民百姓中会有人死亡。这种舞蹈一连持续三天,在此期间,面具佩戴者会以神谕的方式回答众人的提问,答案有效期是七年,直到下一次仪式举行之日为止。三日庆典结束后,面具佩戴者还会宣布社团主席的命运,告知他是否还能出席下一次节庆。如果答案是否定的,他就会在接下来的七年间辞世,社团主席的位置很快由他人取代。总而言之,不管是在平民中还是在出席仪式的长者中,都会有多人在仪式期间丧命。

引自 L. 弗罗贝尼乌斯,《亚特兰蒂斯,非洲民间故事与诗歌》(*Atlantis, Volksmärchen und Volksdichtungen Afrikas*),第 7 卷,《南方的恶魔》(*Dämonen des Suden*),1924 年,第 89 页及其后。

第八章　竞争与机运

第 138 页,强烈的明星身份认同感:以詹姆斯·迪恩(James Dean)崇拜为例。

1926 年,演员鲁道夫·瓦伦蒂诺(Rudolf Valentino)逝世,引发多起自杀事件。探戈歌王卡洛斯·伽达尔(Carlos Gardel)在一场空难中被焚身亡,在他去世多年以后,1939 年,布宜诺斯艾利斯郊区的一对姐妹裹着浸满汽油的毯子自焚,像他一样死去。美国的一些青少年为了共同缅怀他们所喜爱的歌手,组建了轰动一时的俱乐部,以诸如"看见弗兰克·辛纳特拉（Frank Sinatra）就晕倒俱乐部"一类命名。1956年，刚刚走红的演员詹姆斯·迪恩在一场车祸中英年早逝，直到今日，他生前所在的华纳兄弟电影公司依然每天收到近千封悲伤粉丝的来信，大多是这样开头："亲爱的吉米，我知道你并没有死……"公司专门成立了一个部门，负责维系这种荒诞不经的死后通信。市面上有四份专为纪念詹姆斯·迪恩而开办的期刊，其中之一名为《詹姆斯·迪恩归来》。在舆论的左右下，没有任何与詹姆斯·迪恩葬礼有关的照片被发表，谣传他只是因为毁容隐退了而已。为了召唤他，人们多次举行招魂会，一个名叫琼·柯林斯的独价商店[1]售货员在他的口述下，为他写下长篇传记，并听到他说自己没有死，说那些相信他还活着的人是对的。这本传记销量高达50万册。

一名对社会风尚十分敏感的资深历史学家感动于这一现象，在巴黎一份知名的日报上发表文章写道："人们列队在詹姆斯·迪恩的坟前哭泣，正如维纳斯在阿多尼斯的墓边垂泪。"他顺便提到，已有八本以詹姆斯·迪恩为主题的画册出版，每本印数在50万至60万左右，詹姆斯·迪恩的父亲还撰写了一本詹姆斯·迪恩的正传。作者又写道："精神分析学家通过剖析詹姆斯·迪恩曾经在酒吧的闲谈，探寻他的潜意识。在美国，每个城市都有'詹姆斯·迪恩俱乐部'，供粉丝共享

---

[1] Prisunic，音同"prix unique"（单一价格），20世纪法国的连锁杂货店，供应廉价日常百货。——译者注

对他的回忆，瞻仰与他有关的纪念品。"据推测，这些俱乐部的总人数为 380 万左右。巨星死后，"他的衣服被裁剪成小块，以每平方厘米 1 美金的价格出售"。他死前以 160 千米的时速驾驶的那辆失事汽车"被重新修复，在各个城市巡展。人们支付 2500 美金，就可以参观这辆汽车；支付 5000 美金，就可以在驾驶员座位上坐几秒钟。巡展结束后，这辆汽车被切割成碎片，以拍卖的形式出售"。[1]

第 143 页。有治文明中的眩晕重现：1956 年 12 月 31 日斯德哥尔摩事件。这一事件本身规模不大，持续性不强，但反映出越是严苛的秩序就越是容易被打破，眩晕的力量时刻准备取而代之。在此，我引用《世界报》驻斯德哥尔摩记者的独到分析：

12 月 31 日晚，5000 名青年涌入斯德哥尔摩的交通要道昆斯加坦街（Kungsgatan），"占领"这条街道近三个小时。他们粗暴对待路人，推翻汽车，砸破橱窗，从附近的集市广场搬来栅栏和柱子当路障。还有的青年把附近教堂周围的古旧墓碑统统推倒，把装满燃烧着的汽油的纸袋从横贯

---

[1] 皮埃尔·加索特（Pierre Gaxotte），《从赫尔克里到詹姆斯·迪恩》（"D'Hercule à James Dean"），载于《费加罗报》。毫无疑问，女性周刊刊登了关于这位明星在世及其死后仍受狂热追捧的图片报道。另见作品中引用的埃德加·莫林对这一现象的分析：《詹姆斯·迪恩》，《电影明星们》，巴黎，1957 年，第 119—131 页。

昆斯加坦街的天桥上往下扔。政府调用了一切可用警力赶往现场，依然寡不敌众——警员数量还不到100人。在几轮剑拔弩张的进攻和以一敌十的肉搏之后，警方才控制住局面。多名警员遭到群殴，被送往医院。约40名示威者被捕，年龄在15到19岁之间。"这是首都遭遇过的最为严重的示威。"斯德哥尔摩警察局长如是说。

该事件在斯德哥尔摩的媒体和政界中引起久久难以平息的愤慨与不安情绪。平时对社区严加管理的学者、教育者、教会以及不胜枚举的社会机构，都在忧心忡忡地探究这场突发事件的原因。实际上，类似的动乱几乎每周六晚都会在斯德哥尔摩市中心和其他省份的主要城市发生，并不是什么新鲜事，但上升到如此规模是首次。

他们表现出一种近乎"卡夫卡式"的焦虑，因为这些暴乱并未经过协商或预谋，示威者既不是"为了"什么，也不是"反对"什么。几十、几百乃至几千名青年就这样令人费解地聚集在这里，彼此互不相识，除了年龄以外鲜有共同点。他们并不听令于谁，而是彻头彻脑的"无故造反者"。

在外国人看来，这种漫无目的的暴乱匪夷所思。没错，孩子们有时会因为想要得到某物而丧命；哪怕这是一场"专为吓唬资本家"的恶作剧，也会让人安心一些。但这些青年冷漠阴森的表情说明他们并不是在闹着玩。在这场瞬间爆发的疯狂破坏之中，最令人震惊的便是他们的静默无声。弗朗索瓦-雷吉斯·巴斯蒂德（François-Régis Bastide）在他关于瑞典的杰出作品中写道:"……这些游手好闲者深受孤独寂寞的折磨,于是像企鹅一样聚到一起,挤挤挨挨,低声嘟囔,一语不发地彼此咒骂,一声不响地拳脚相加,不说一句他人能理解的话……"

在瑞典,漫长的冬夜从下午 2 点开始,直到次日上午 10 点才在一片灰蒙蒙的天色中结束。由此引起的著名的瑞典式寂寞和无数次被提及的动物性焦虑,难道就是这一事件的全部原因吗?实际上,这种"暴力萌芽"在欧洲其他国家和美国同样存在,只是表现形式不同而已。瑞典的事例最为突出,如果我们能找出其深层原因,或许同样可以用于解释美国的"摇滚魔王""摩托狂徒"以及伦敦的"无赖青年"现象。

首先,这些青年造反者属于何种社会群体?他们与美国的"同犯"一样身穿画有骷髅和神秘文字的皮衣,大多是工人或小职员之子。他们当学徒或店员,收入是前辈们在同年龄阶段时所望尘莫及的。瑞典相对优渥的生活以及有保障的未来,使他们不必为明天担忧,同时也丧失了曾经不可或缺的"争立足之地"的斗志。而在其他地方,情况又恰恰相反,辛苦劳作者有时还不如电影演员荣光,也不比敲骨吸髓的恶棍潇洒,安身立命往往面临重重困难,令人失望。在这两种情况下,同样无效能的斗志,都最终在盲目空洞的愤怒中爆发。

伊娃·弗雷登,载于《世界报》,1957 年 1 月 5 日。

第九章　重现于现代世界

第 146 页，面具：风流韵事及政治谋反的象征，神秘与不安的写照；面具暧昧可疑的特性。

在 1700 年前后的法国，面具成为一种宫廷消遣，带来令人愉悦的暧昧。但它也有令人不安的一面，现实主义编年史作家圣西蒙（Saint-Simon）就曾提到一则诡异事件，堪比霍夫曼及爱伦·坡的恐怖小说：

> 布利尼厄（Bouligneux）少将和沃蒂尼（Wartigny）旅长在韦鲁（Verue）前被杀。两人都才华出众，但也都特立独行。去年冬天，人们制作了几个惟妙惟肖的宫廷人物蜡像面具，用来戴在其他面具下面。这样一来，当第一层面具被揭开时，人们就会误把蜡像面具当成真实面孔。大家对这个恶作剧乐此不疲，打算在今年冬天继续上演。当人们重新拿出自上一次狂欢之后就一直好好收藏的面具时，却惊讶地发现，大部分面具依然如初，只有布列尼厄和沃蒂尼的面具除外。这两个与真人相似度极高的面具，此刻多了一份苍白与干瘪，正如刚刚死去的人那样。它们就这样出现在舞会上，吓坏了不少人。人们试图给面具涂上红色以求改善，但那些红色都瞬间消失，面具的干瘪部分也是怎么都调整不好。在我看来，这一事件极不寻常，值得一提；再说，宫廷中还有许多人像我一样，多次见证这一诡异事件，大家都震惊不已。最后，人们扔掉了那两

个面具。

节选自圣西蒙,《回忆录》(*Mémoires*),法国七星文库,第 2 卷,第 24 章(1704 年),1949 年,第 414—415 页。

18 世纪的威尼斯,从某种程度上来说盛行的是一种面具文明。当时面具有各种用途,受法律规范。以下是乔瓦尼·科米索(Giovanni Comisso)描述的"包塔"(bautta)面具使用规则:

> 包塔是一种带有黑帽和面具的披风,得名于大人吓唬孩子时嘴里发出的"包包包"的声音。最先穿戴包塔的是威尼斯总督,为的是能在民间自由来去。后来人们纷纷效仿,几乎人手一件包塔。尤其是贵族,他们不分男女,在公共场合都必须穿戴包塔。这样做既是为了抵御奢靡之风,也是为了在贵族与平民接触时维护贵族的等级尊严。各大剧院门口都有岗卫,检查入场的贵族是否佩戴好包塔;进入剧场后,贵族可以自行决定是否继续佩戴。贵族接见外国使者共商国是时,也必须佩戴包塔,并建议外国使者照做。

节选自《18 世纪威尼斯密探》(*Les Agents secrets de Venise au XVIIIe siècle*),由乔瓦尼·科米索汇编出版,巴黎,1944 年,第 37 页,注释 1。

"沃托"(volto)是一种半截面具,与"赞达尔"(zendale,

一种黑色的包头巾）和"塔巴罗"（tabarro，穿在最外层的薄外套）配套。这样一身穿戴的人往往是要去见不得光的场所，或是有密谋在身。沃托一般是猩红色的。法律原则上禁止贵族穿戴沃托。此外，还有狂欢节面具与装饰，乔瓦尼·科米索如是描述：

> 狂欢节的各式化装包括："格纳赫"（gnaghe）是模仿女性尖音的男人（有时他们还会穿戴女人的服饰）；"塔提"（tati）扮演的是傻乎乎的大孩子；"贝尔纳多尼"（bernardoni）是伪装成有身体畸形或疾病的乞丐；"皮托奇"（pitocchi）是衣衫褴褛之人。贾科莫·卡萨诺瓦（Giacomo Casanova）首创独特的皮托奇化装，他和伴侣们在米兰的一场狂欢节上，身着华丽珍贵的服装，上面有很多故意用剪刀划破、再用其他彩色珍贵布料补好的补丁。
> 节选自《回忆录》，第5卷，第11章，转引自科米索，同上，
> 第133页，注释1。

一直以来，化装舞会都具有明显的仪式化色彩。1940年的里约热内卢狂欢节依然如此。

在现代作家中，要属让·洛兰（Jean Lorrain）最擅长刻画面具所带来的混乱与不安。在其汇编的《面具的故事》[*Histoires de masques*，巴黎，1900年，由居斯塔夫·科奇奥特（Gustave Coquiot）作序。序言同样也谈面具，但无甚参考价值]中，有一篇名为《其中之一》(*L'un d'eux*)的

故事尤其值得一提，我部分引用如下：

面具那令人又爱又恨的神秘感，谁又能说清道明？为什么人人都免不了要在那些特定的日子里，借乔装打扮来改变身份，奔赴一场逃离自我的冒险？

那些艳俗纸板做成的下巴和鼻子、用鬃毛做成的胡须，那些闪烁绸缎光泽的半截面具、白色风帽，迎合的是何种本能与欲望，满足的是何种贪婪与希冀，掩盖的是何种灵魂的残缺？化装舞会上，那些怪诞不羁而又络绎不绝的蓬裙女与苦修士，孜孜以求的是印度大麻或吗啡带来的沉醉，是自我的忘却，还是暧昧不清的奇遇？

佩戴面具的人群热闹喧腾，手舞足蹈。但他们的快乐透着一股悲伤。他们更像是一群鬼魂，是裹着长长白布、飘忽不定的幽灵，人们看不见他们的脸。在这些僵硬的丝绒或绸制面庞下，藏在宽大披风里的，会不会是嗜血的斯忒里克斯（strix）？如同裹尸布般罩在上肢及小腿关节处的宽大的小丑皮埃罗罩衫，遮住的难道不是空洞与虚无？佩戴面具、混迹于人群的人，难道不是既反自然又肆无忌惮？他们显然心怀不轨甚至有罪在身，才会极力隐藏身份、扰乱视听。他们以可笑或可怕的方式，用推搡、讥笑与嘲讽加剧路人的惶恐。他们让女人微妙战栗，让孩童惊厥不已，让男人心生邪念，又因摸不准化装之下的真实性别而心神不宁。

面具，是陌生人用来遮掩真相、撩拨挑逗的脸，是谎言的微笑，是邪恶的化身，使人在惊恐中走向堕落。它是加入不安因素助兴的风流，是飘忽不定的感官猎奇："她丑吗？他帅吗？他是否年轻？她已然老去？"它为殷勤注入死亡色彩，增添卑劣与血腥意味。谁也不知道这场冒险将终结何处，是在出租房还是交际花的宅邸？又或是在警局？要知道，小偷也会借助或诱人或可怕的面具作案。在劫匪、妓女及僭越者手中，面具可能是危险或死亡的征兆。

《面具的故事》，第3—6页。